大是文化

單親雙寶媽買美股
每月加薪3萬

別人買概念股，我買概念股的源頭，
永遠比台股搶得先機。
用月薪 10% 投資，我 5 年存出一棟房。

大學講師、RICHTOWN金流族培訓學院講師
Donna————— 著

CONTENTS

CONTENTS

推薦序一

透過美股矯正投資方式的務實 SOP

RICHTOWN 金流族培訓學院創辦人／謝宗翰

多數人對於投資賺錢甚至花錢，容易做出看似衝動又不合邏輯的決定。而當你在投資行為上做出無邏輯的決定，怎能期待會有穩定獲利的結果？當面對這些反覆的挫敗感時，你只能默默的安慰自己：「沒賺大錢的命」。

我們總是容易受到金錢貪婪與恐懼的影響，做出一些不理性、不利己、更不符合投資獲利原則的決定。再加上在資訊與行銷氾濫的時代，每天被催眠與陷入一夜致富、輕鬆賺大錢投資法的迷思中，而忘記**賺 1,000 萬，其實只需要 1 萬賺 1,000 次也能達到**。

即使再平凡不過的人，只要藉由正確的投資 SOP，就有機會為自己創造額外收入，來提高生活的享受。透過本書作者 Donna 自己從零到穩定獲利成功的分享，能讓我們了解：要開始學習與修正自己過去錯誤的投資行為都不可操之過急，這有如與另一半建立親密關係一樣，是需要時間成本與用心建立的。在建立的過程，你會透過大量的犯錯、大量的修正學習改善，來達到穩定獲

利與財富自由的狀態。

我常與自己教育學院的學員夥伴分享：**學習投資的第一步，絕對不是當下 100% 理解所有資訊，而是讓自己進入「做了才有感覺」的狀態**，感覺自己只要有心，也可以成為小小巴菲特！

想改變自己現有的收入架構，除了學習正確的投資 SOP 以外，你更需要建立好的投資「自我信念」。這如同減重計畫一樣，你可以選擇 Diet（節食）或 Lifestyle（生活型態）方法。30 天的 Diet 計畫雖然當下體重能下降，但常常因方法太極端，無法長久執行，容易再度復胖。

但假如你選擇的是 Lifestyle Changes，如蔬食主義者不會因為無法吃肉而感到痛苦，那自然可以一輩子輕鬆的執行。喜歡登山的人，不需要鼓勵他登山；喜歡音樂的人，不需要鼓勵他多接觸音樂；喜歡投資賺錢的人，同樣不需要其他人一直鼓勵你學習投資，並持續成長。

Donna 在這本書所分享的每一個章節，對於想投資美股獲利的你，都是最務實的 SOP 步驟。她個人如何從零到現在實現自己人生夢想的過程，值得你參考學習，也相信對你能產生極大的鼓勵。

鼓勵自己勇於挑戰和學習，踏出美股投資的第一步，你也可以成為最好命的億萬富翁！

推薦序二

不盯盤也能創造投資收益

豹投資創辦人／徐黎芳

　　很榮幸能撰文推薦這本接近真實紀錄的好書給大家。希望讀者都能藉由本書學到，如何用閒暇彈性的時間，看熟悉喜歡的商品，做靈活、方便的投資。其實投資不一定要拘泥於盤中即時盯盤，不論哪一國市場或者哪一類商品，想要投資獲利，真正的致勝重點在於，投資人是否能確切理解自身所投資的公司，或者金融商品本質為何？價值多少方為合理？

　　基金也好、ETF 也好，不論是股票、期權甚至是虛擬貨幣，現今的金融資訊豐沛易得、易查，充滿了自學的可能性，人人都有機會將各式標的，納入自身的投資組合中，不受時間、空間的限制。而現代投資人應具備的關鍵能力在於，有相當的財務或投資理論基礎，和有數據判斷能力，以及網路資訊的查證力。假如都能具備，基本上都能有不錯的投資績效。

　　全球最有競爭力的公司，無不爭相在美國掛牌。而能在美股公司擔任執行長的人，通常也是具有極佳經營能力的企業家。並且還有積極維護良好市場環境的監管單位，持續維持著美股交易

的健康制度。美股，確實是一個適合投資人長期關注的領域。

　　美國公開發行的各種金融商品，許多都具備強勢品牌並領先未來趨勢，相信讀者若能藉由本書的推薦指引入門，定能克服陌生，一步步循序找到投資路徑。Donna 在本書中串連了臺灣與美股品牌公司的供應鏈關聯性，並由此推導出投資的方向，與豹投資的平臺設計，有著相似的思考邏輯關係：

- 產業上下游關聯：由主產業、次產業的價格表現、資金流動與最新財報與產業數據，我們可以看到產業的興替，模擬未來的趨勢。
- 最新財經新聞的擷取：可討論、可查閱、可搜尋的中英文全球財經新聞，都可以很方便的讀取並分類，還可以看網友最新討論狀況。
- 數據驗證與圖表分析能幫助使用者快速切入重點，使用者可以靠網站資訊平臺、券商 App，查找並且追溯研究。
- 財務面、籌碼面、技術面三類數據指標並列交叉分析，這是我們現在最看重的個股分析能力，有多重篩選指標的選股績效，不僅穩健，經過回測統計，更可以有效提高精準勝率。

　　Donna 的美股研究，囊括了各個重要的財經網站。本書介紹的資訊，有不少內容也是我經常造訪、研究的重要資訊來源，讀者若能依序書中的教學鑽研，相信必會收穫滿滿。

自序

我以不到 4 萬美元的資金，創造 25% 以上年均報酬率

「我是好命的億萬富翁，天天學習創造現金流」，是現在的我每天都要對自己說的話，每天要把自己的身分定位，讓自己保持高能量的狀態。聽起來好像很酷，也似乎很遙遠。的確，如果是十幾年前的我一定會嗤之以鼻，覺得又是哪一家直銷大會在信心喊話，喊喊就有錢，哪來這種好康？

那時的我就跟一般的小資男女一樣，每天只知道工作、加班、追劇、逛街、網購，人生苦短，當然是要「活在當下，及時行樂」。想買什麼就買，對於朋友的邀約來者不拒，只知道「小確幸」的我認為，一杯星巴克咖啡 160 元、一頓下午茶 200 元的這點小錢又不會讓我變成有錢人，何不享受一下，錢多錢少，夠用就好啊！

我不理財，財不理我

事實上，每個人都深受「原生家庭」的影響，我也不例外。小時候有一段時期爸爸從商，那時家境還算不錯，不過，因為媽

媽在家境貧乏的務農家庭長大，所以總要我學著存錢，於是我從小加減存了些零用錢。後來因爸爸經商失敗，家境逐漸走下坡，到了高中已全然是負債狀態。

大學時，我開始半工半讀，雖了解賺錢辛苦不易，但因家境曾從小康到落魄，「活在當下，及時行樂」就成了我花費無度、月月光的自我安慰，因此沒存下多少錢。

大學畢業後，我靠著申請就學貸款完成研究所學業，出了社會，成為了俗稱的「科技新貴」，薪資比 22K 高上不少。但高貴不貴，再次因為「及時行樂」的欲望作祟，還完學貸後，又開始找各種理由和藉口，對自己說：「工作那麼辛苦，應該要好好犒賞自己。」所以，開始花錢不手軟的購入許多不切實際的商品。又或者心裡總會有小惡魔說著：「工作壓力這麼大，該休息一下囉，出國走走吧。」以致每年都會花費兩、三個月的薪水，至少出國 10 天，做深度旅遊。就這樣，成為了月月吃土的月光族。

我媽總是對我說，投資很可怕、創業很恐怖，老是耳提面命要我把錢存下來。所以當時只知道活存，領著 1%～2% 那麼一丁點微薄利息。後來想，既然投資會虧好多錢，不如加入可以擁有被動收入的傳直銷副業。在先生癌末離世後的一、兩年，我曾經有一段時間瘋狂加入傳直銷，舉凡大家想得到的、想不到的，前前後後加入了 7、8 家。

為什麼選擇傳直銷？因為聽說可以成為副業、可以提供「被動收入」、可以有「月現金流」，那是我第一次聽到這些名詞。

想說既然有錢賺就加入，就這樣東加西加成了下線，花了他們所謂的一點「小錢」——每個月 3,000 元、5,000 元的，或一次一、兩萬元。最後，家裡總是囤了一堆貨，賠錢出場，就此種下「我不適合投資理財」的心錨。

你一定好奇，我為什麼不進股市投資？除了原生家庭的因素外，還有工作後，在同事、好友的八卦閒聊中，常聽到他們說在股市裡繳了好多學費。那時的二、三十萬元，對我來說真是「鉅款」。不具財經相關背景的我，又懶得研究總體經濟、財報這些如天方夜譚的文字和數字，就更不敢「玩」股票。

婚後，因為懶、因為自己的心錨，再加上先生是保險業務，並具有投資型保險相關證照及國際理財規劃顧問 CFP（Certified Financial Planner）身分，於是把薪水都交給先生管理，全然信任不過問，只知道主要投資基金、台股，也買了投資型保單，從不知道報酬率是什麼，傻傻的以為存了不少錢。結果婚後 6 年先生因癌末離世，支付一大筆醫療費用後，才驚覺自己口袋空空、一無所有，連喪葬費都還得借錢，才能好好的送他一程回歸天家。

是幸也不幸，有句話說：「老天爺不會給你過不去的關」。當時口袋空空，還帶著兩個年幼小孩的我，就在以為失去了一切、在人生迷惘的道路上，遇上了我人生中最重要的貴人——RICHTOWN 金流族培訓學院謝宗翰教練，人稱 John 教練。他引領一個不懂 K 線（參見第 82 頁）、不懂股市、不懂趨勢，當然更不懂選擇權（參見第 174 頁）的我，進入了多元豐富的美

股世界。

一開始的「玩股票」恐懼，因 John 教練的資金控管與「投資好標的」、以企業股東身分的操作心態，透過虛擬倉（按：或稱「模擬倉」，一種不涉及真實資金，但又能模擬真實交易環境的練習帳戶）大量練習、大量犯錯、大量修正，讓我在兩個月內，靠著 1 萬美元（按：約新臺幣 30 萬元，在本書為便於計算，美元換匯新臺幣皆以 1：30 計算）的資金，將投資自己腦袋的美股課程、要價兩萬多元的學費賺回來。目前靠美股持續投資持續創造穩定現金流，以 4 萬美元不到的資金，創造年收一萬多美元，年均報酬率 25%～30%。

下班後才是賺錢時

美股讓我最為滿意的一點，就是可以有更多時間陪伴兩個小孩成長。

以前看操作台股的同事，總是要躲到角落或是廁所看盤下單，遇到一整個早上要開會或是進產線忙碌時，根本無法調整布局。再加上台股下單機制不像美股，**可以直接預設進場單和停利停損單**（按：美股能預設多天後股價碰到設定的進場價自行進場，也能預設股價碰到設定價，自動停損停利，台股不行），所以最常聽到的抱怨就是：「早上開會又錯過進場點，又爆衝漲停板了啦！」、「可惡，忙到沒時間看盤，沒能出在獲利最多的價

位，又被拉回了！」、「怎麼會才一個早上沒看就崩了？又要住套房了！」在這樣的狀態下，怎麼可能好好上班？在情緒影響之下，又怎能好好做投資呢？

　　親朋好友聽到我投資美股，第一個問題總是：「美股是晚上開盤？那不就要熬夜？這樣隔天哪有精神上班啊？」其實美股開盤時間有分夏令和冬令（參見圖表 0-1、0-2，休市日參考下頁圖表 0-3），以 2022 年為例，夏令時間為 3/13 至 11/6，冬令時

圖表 0-1　美股交易時間

日光節約時間	週期	交易時間（臺灣時間）
夏令	每年 3 月第 2 個星期日～11 月第 1 個星期日	21:30～04:00
冬令	每年 11 月第 1 個星期日～隔年 3 月第 2 個星期日	22:30～05:00

資料來源：維基百科。

圖表 0-2　2022 年美股交易週期

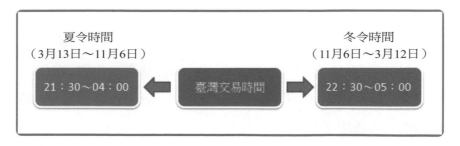

夏令時間
（3月13日～11月6日）

21：30～04：00　←　臺灣交易時間　→　22：30～05：00

冬令時間
（11月6日～3月12日）

圖表 0-3　美股休市日

日期	節日或假日
1 月 1 日	元旦
1 月第 3 個星期一	馬丁路德紀念日
2 月第 3 個星期一	美國總統紀念日
復活節前 1 個星期五	耶穌受難日
5 月最後 1 個星期一	陣亡將士紀念日
7 月 4 日	獨立紀念日
9 月第 1 個星期一	勞動節
11 月第 4 個星期四	感恩節
12 月 25 日	聖誕節

間為 11/6 至 2023/03/12。開盤時間分別是臺灣晚上 9：30、10：30，收盤時間在清晨 4、5 點。

　　身為過了 30 歲不再提年紀、不再適合熬夜的我來說，真要每天 4、5 點才睡，隔天 8、9 點準時上班，就算沒有小孩，也應該會體力不支吧！

　　所以操作美股的好處，真的就是「下班後才是賺錢時」。下班後我可以先好好陪伴小孩，等小孩睡了，在開盤前，沉澱自己雜亂的思緒，以及平靜因為工作、因為小孩而產生的負面情緒（當父母的一定都會有！），重新回歸能量滿滿的企業家身分設定，再開始看盤、交易。

　　如果不忙家事，12 點前一定都可以好好入睡。常聽有人說要熬夜看盤，但其實那些交易者，都是對美股、對交易太有熱情，才會想要每天用眼睛「護盤」。

　　其實交易可以很輕鬆、很簡單，只要挑選好標的、等待時機、設定進出場點。更甚者，以「存股」概念做定期定額投入，不需要時時盯盤、也不需要天天看盤，唯一要做的就是資金控管，動動手指，一切大功告成！剩下的就交給市場和時間。

　　操作美股的另一個好處是，在世界各地，只要有一臺電腦、一支手機，就可以動動手指賺旅費。就連寫書的現在，白天陪著我的寶貝們在國內小旅行，晚上在飯店打開電腦賺旅費，快意生活我決定，金流人生不間斷。

　　雖然是從 1 萬美元資金起步，每個月能存下的資金也非常有限，但透過年均報酬 25%～30% 的牛步成長，也慢慢讓我能帶著小孩出國開拓視野，讓我能有足夠的勇氣和信心，買下一間位於學區精華地段、3 房 2 廳、我們三個人都有各自空間的溫暖小窩，更讓我有能力設立夢想版——幫助更多小資族、小資家庭創造被動收入，月月增加現金流！

Chapter 1

買概念股源頭，
成為世界的股東

投資最重要的是認清你知道些什麼，並且學習你不知道的事物。

——股神／華倫‧巴菲特（Warren Buffett）

1 每天只花 2 小時，月月獲利 3% 現金流

　　每個人一天都只有 24 小時，對於一個單親媽媽，當時身邊帶著兩個年幼小孩，一個 5 歲、一個不到 3 歲，在最需要「愛」與照顧的階段，我卻每天像是個陀螺轉個不停。上班 8 小時是基本，當然偶爾也會加班。若準時下班，從安親班接小孩回家，也已經 7、8 點，能陪伴他們的時間少得可憐。

　　在初學美股的時候，假日常北上進修。雖然週間上班已經很累了，但動力強大到很想 Fire 工作、Fire 老闆。為了要能好好陪伴我的小孩成長，所以週末再怎麼疲憊，一到了進修學習時間，瞬間能量滿點，將所有能塞進腦袋的知識，一點都不放過的努力吸收。

　　就這樣，累積了好長的一段學習時光，也累積了一些獲利後，週末晚上 9 點前回歸「媽咪」身分，專心陪伴小孩，9 點半後繼續我的億萬富翁養成計畫，開始找尋分析週一開盤適合進場的個股。可設立進場及停利停損單的個股直接設單準備，需要再觀望的個股就等週一開盤確認後再設單。周而復始，讓我的金流人生越來越豐盛！

窮人追漲跌，富人追趨勢，我這樣買

說真的，我每天認真看盤時間真心只有 2 小時，也不需要每天盯，因為每天看就會有很多「早知道」——「早知道在高點就要獲利了結」、「早知道就該停損出場」、「早知道就不該逢低加碼、越攤越平」。但是**投資世界裡沒有「早知道」，漲跌只是一時，好好的緊跟「市場先生」，順勢而為，才是獲利的關鍵。「窮人追漲跌，富人追趨勢」，建議將這句話寫下來貼在電腦螢幕上，時時提醒。**

回顧前述，真的不難發現，**我唯一做的事，就是選擇好的標的，搭配大盤走勢，確立好我的策略。**只要把單設好，每一、兩天觀望一下走勢，剩下的交給市場。若是短波段的操作，快則一、兩天，慢則一個月就完成。長波段當然需要時間發酵，只要標的選對了，盤勢照著預期走，每天還是有時間放鬆、追劇的！

分享我的一個操作案例。因為我喜歡喝星巴克（代碼：SBUX），也會帶小孩偶爾吃麥當勞（代碼：MCD），還喜歡特斯拉（代碼：TSLA）的車，更重要的是，我很喜歡旅遊，所以常上旅遊訂房網 Booking.com（代碼：BKNG）訂房。而上述幾檔股價動輒數百、數千美元（參見下頁圖表 1-1），小資如我，該如何參與這些優質好公司？該如何透過這些相對高股價個股參與獲利？

這時就讓買進一籃子股票的 ETF（Exchange Traded Funds，

指數股票型基金）來達成當股東的夢想，參與獲利吧！以**我最喜歡的 SPDR 非必需消費類股 ETF（代碼：XLY）**為例，其持有的一籃子股票前 10 大持股如圖表 1-1。除了上述幾檔，還有全

圖表 1-1　非必需消費類股 ETF（代碼：XLY）前 10 大持股

股名	代碼	股價（美元）	漲跌幅
Amazon.com Inc.（亞馬遜）	AMZN	3,302	22.90%
Tesla Inc.（特斯拉）	TSLA	793.60	13.50%
The Home Depot Inc.（家得寶）	HD	337.48	8.74%
McDonald's Corp.（麥當勞）	MCD	248.32	4.50%
Nike Inc.（耐吉）	NKE	151.85	4.45%
Lowe's Companies Inc.（勞氏公司）	LOW	207.90	3.58%
Starbucks Corp.（星巴克）	SBUX	112.21	3.44%
Target Corp.（目標百貨）	TGT	229.82	3.12%
Booking Holdings Inc.（繽客）	BKNG	2,469	2.35%
TJX Companies Inc.	TJX	64.98	2.12%

資料來源：Yahoo finance，2021/10/08 報價。

球最大電商亞馬遜 Amazon.com（代碼：AMZN）、大家都很愛
的籃球鞋運動品牌──Nike（代碼：NKE）、我和小孩在美國旅
行時，採買零食的超市 Target（代碼：TGT）都羅列其中。

　　相較於 AMZN 每股 3,302 美元、TSLA 每股 793.6 美元、
XLY 每股僅需 183.47 美元（此為 2021/10/08 報價），這讓資金
僅 1 萬美元起步的我，可以藉由 XLY 的操作，參與這些公司的
獲利。

　　在圖表 1-2 中，XLY 於 2017/11/14 突破，當時我在股價 92.5
美元買入 45 股（按：台股一般是以「1 張」作為買賣單位，但
美股是以「1 股」為買賣單位），動用資金 4,162.5 美元。

　　進場後設定停損停利單，接下來就交給時間和市場，記得

圖表 1-2　2017/11/14 XLY 進場後設停利停損單

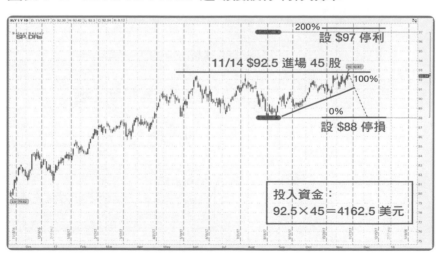

「唯有耐心等待,才能收穫豐碩果實」、「窮人追漲跌,富人追趨勢」,不手癢、不亂來,好好陪伴小孩,除了讓他們感受到「愛」,也讓他們自小潛移默化植入「原來投資也可以這麼輕鬆舒服」的觀念。

很開心在 2017/12/01 睡醒後,系統通知 2017/11/30 獲利出場(參見圖表 1-3),獲利金額為:

> (賣出金額－買入金額)×股數
> =(97－92.5)×45
> =202.5 美元

圖表 1-3　2017/12/01 XLY 獲利趨勢圖

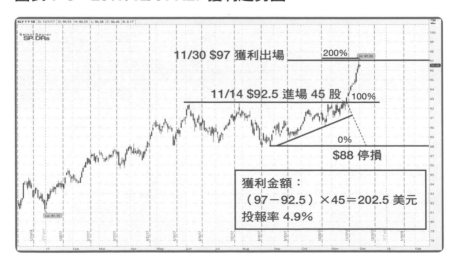

大約半個月（11/14～11/30）的時間，**投資報酬率**（簡稱投報率，為投資淨損益÷總投入資金）**約為 4.9%**（202.5÷4,162.5）。

開心收錢入口袋，不用花太多時間看盤，只要在 11/14 突破前每天瞄一眼，甚至只要設好到價通知，等待系統通知確認突破後進場、設好停利停損單，懶人投資法就是這麼簡單！

再以有「牛市女皇」之稱的凱薩琳・伍德（Catherine Wood）的方舟基金中的 ARK 新興主動型 ETF（代碼：ARKK）為例。

ARKK 所持有的 10 大成分股如下頁圖表 1-4，多是具未來前瞻性的創新科技公司，如大家比較熟知的電動車龍頭特斯拉（Tesla Inc.），或現今很夯的行動支付相關服務公司 Square（代碼：SQ），以及因疫情使許多美國居家上班者須遠距開會而受惠的雲端視訊平臺 Zoom（代碼：ZM）。

所持個股皆是每股單價破百，且因前瞻科技公司大都是飆股的潛在名單，因此投資 ARKK 這樣的 ETF，以每股單價 112.6 美元（2021/10/08 報價）參與創新科技，讓小資金也能買進大飆股、創造大獲利！

回顧當時 ARKK 在 2020/11/24 突破後，隔天我以市價 109 美元左右進場，恪守交易第一法則——**做好「資金控管」**，以個人資金控管比例計算後，買進 20 股，支出約 2,180 美元，設定停利停損出場點如第 25 頁圖表 1-5。

圖表 1-4　ARKK 前 10 大持股

股名	代碼	股價（美元）	漲跌幅%
Tesla Inc. （特斯拉）	TSLA	793.60	9.72%
Teladoc Health Inc.	TDOC	130.80	5.80%
Roku Inc.	ROKU	324.47	5.76%
Coinbase Global Inc. （比特幣基地）	COIN	251.59	5.61%
Unity Software Inc. （聯合技術）	U	136.07	5.16%
Zoom Video Communications Inc.	ZM	256.27	4.42%
Square Inc.	SQ	249.16	4.02%
Spotify Technology SA （潘安賽特）	SPOT	234.90	3.90%
Shopify Inc.	SHOP	1,398.5	3.76%
Twilio Inc. （雲通訊）	TWLO	324.17	3.28%

資料來源：ark-funds.com， 2021/10/08 報價。

　　再來要做的事就是放著，就真的放著，偶爾看一下它的走勢；等待將近 1 個月，在 2020/12/21 系統自動成交，2020/12/22

一早醒來就看到（130－109）×20＝420 美元的獲利（參見下頁圖表 1-6），**換算下來 1 個月約 19% 投報率**（420÷2,180），非常驚人的飆股表現。

一次賺 100 萬元、1,000 萬元，很有難度；但如果一次賺個 100 元、200 元，應該相對簡單。一次 100 元，累積 1 萬次的獲利，就有 100 萬元的可觀報酬。抱持著這樣的信念，讓資金少如 1 萬美元的我，透過資金控管、風險控管，每單收 200 元～400 美元，積少成多，慢慢累積獲利，達到月月 3% 現金流，讓被動收入取代薪資收入，做自己時間主人的美好未來，指日可待。

圖表 1-5　2020/11/24 ARKK 進場後架設停利停損單

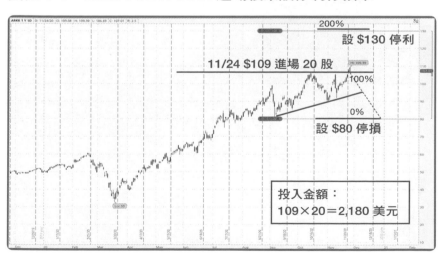

圖表 1-6　2020/12/22 ARKK 獲利趨勢圖

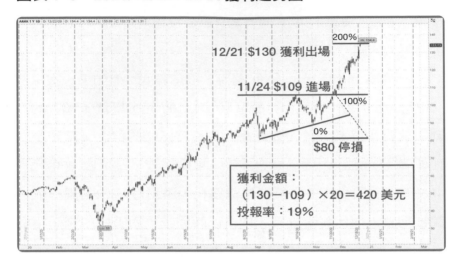

於美國那斯達克證券交易所（NASDAQ）上市，自此，遠在臺灣的我們透過了特斯拉概念股，包含台達電、和碩、廣達等（參見上頁圖表 1-7），慢慢和特斯拉有所連結與認知。

上沖下洗，全看人臉色

方才說**概念股就是相關供應鏈，也就等於是「代工」的意思**，這當然是臺灣的強項，但一體兩面，代工也等於要靠蘋果或特斯拉公司賞臉吃飯。有下訂單，或是有蘋果和特斯拉好消息的拉抬才有上漲機會。一旦這些概念股的巨頭──蘋果和特斯拉因商業考量而取消訂單，又或者因為蘋果、特斯拉股價下跌，導致一票概念股產生連環效應，概念股投資者勢必惶然無措吧。

舉例來說，在 2015 年、2017 年蘋果（代碼：AAPL）因產品銷售不如預期而砍單，引發外資恐慌，致使一票蘋果概念股大拉回。下頁圖表 1-8 為蘋果與蘋果概念股大立光的技術線圖比較。

我們可以看到，2015 年後半蘋果小幅拉回，但大立光卻是有超過 50% 拉回幅度（見下頁圖表 1-9）；更甚者，2017 年大立光拉回逾 36%，而蘋果不跌續漲不斷創新高。

每當同事或身邊友人提及蘋果概念股、特斯拉概念股漲勢如虹時，總會讓我不禁思索，**既然供應鏈都牛氣沖天，那麼蘋果或特斯拉勢必能創造更可觀的獲利，不是嗎？何不直接投資蘋果或特斯拉？**正在看書的你是否跟我一樣想過這問題呢？

圖表 1-8　蘋果（AAPL）與大立光技術線圖比較

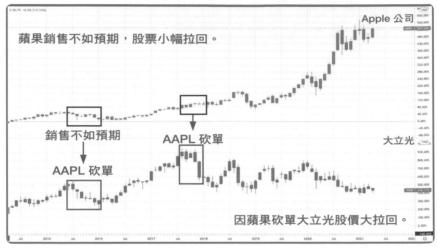

資料來源：TradingView、筆者整理。

圖表 1-9　蘋果（AAPL）及大立光拉回幅度比較表

區間範圍	2015 年 7～12 月		2017 年 9～12 月	
公司	**AAPL**	大立光	**AAPL**	大立光
最高價	33.24	3,715	44.3	6,000
最低價	23.00	1,790	37.1	3,800
拉回幅度	30.1%	**51.8%**	上漲未拉回	**36%**

資料來源：筆者整理。

　　再來看一些資料，根據下頁圖表 1-10 資料顯示，蘋果、微軟（代碼：MSFT）、特斯拉在美股市場每日成交量都是驚人的

圖表 1-10　美股市場前 10 大市值及成交量個股

排名	代碼	公司名	國家	市值（十億）	成交量
1	AAPL	Apple Inc.（蘋果）	美國	2,343.12B	58,648,948
2	BAC	Bank of America Corporation（美國銀行）	美國	367.66B	39,373,411
3	BABA	Alibaba Group Holding Limited（阿里巴巴集團）	中國	450.76B	33,349,159
4	CMCSA	Comcast Corporation（康卡斯特）	美國	245.44B	23,835,699
5	XOM	Exxon Mobil Corporation（艾克森美孚）	美國	254.13B	22,069,878
6	VZ	Verizon Communications Inc.（威訊通訊）	美國	219.24B	21,317,029
7	MSFT	Microsoft Corporation（微軟）	美國	2,160.73B	17,561,464
8	TSLA	Tesla Inc.（特斯拉）	美國	756.69B	16,660,750
9	INTC	Intel Corporation（英特爾）	美國	215.96B	15,894,539
10	FB（MVRS）	Meta Platforms, Inc.（原臉書）	美國	920.74B	15,872,541

注：Meta Platforms, Inc. 預計在 2022 年 Q1 將股票代碼改成 MVRS。
資料來源：Finviz，2021/10/08。

上千萬股，市占前 10，不用擔心砍單、人為操作，因為它們就是領頭羊！反觀它們的一個漲跌，就足以撼動市場，甚至影響台股表現。

美國一直以來身為世界大國，國內生產毛額（Gross Domestic Product，簡稱 GDP）居全球之冠，不僅有許多跨國公司如大家生活中所熟知的麥當勞、Nike、星巴克、串流媒體 Netflix（代碼：NFLX）；工業相關的半導體設備商艾司摩爾（代碼：ASML）、化學品供應商默克 Merck（代碼：MRK）；更有許多知名的新創公司在美成立，如旅遊訂房網站 Airbnb（代碼：ABNB）、巴菲特爺爺也有投資的雲端資料庫 Snowflake（代碼：SNOW）、無人不知的 Uber（代碼：UBER）等。

許多境外公司集團也都搶著於資金流動量最大的市場──美股，募資上市，如加拿大電子商務 Shopify（代碼：SHOP）、中國的阿里巴巴（代碼：BABA）、搜尋引擎百度（代碼：BIDU），甚至是台股護國神山台積電（代碼：TSM）等都紛紛搶入。且美國製造業規模也是世界數一數二龐大，掌握全球經濟動脈，也因此美股對全球投資人的吸引力甚鉅。

如同上頁資料顯示，光是美股中前 10 大公司的龐大成交量及市值，就足夠驚人，那台股呢？讓我們看看下頁圖表 1-11。這張圖表是截至 2021 年 1 月全球股市總市值分布。可以看到光是美國，其市值就驚人的占了 55.9%，甚至超越其他 10 國股市的總和，可見美股資金深似海啊！

　　台股相關概念股除深受美股波動影響，也因許多代工廠皆設
於海外，如中國、越南等，一旦有風吹草動，都會受到牽連。圖

圖表 1-11　截至 2021 年 1 月全球股市總市值分布

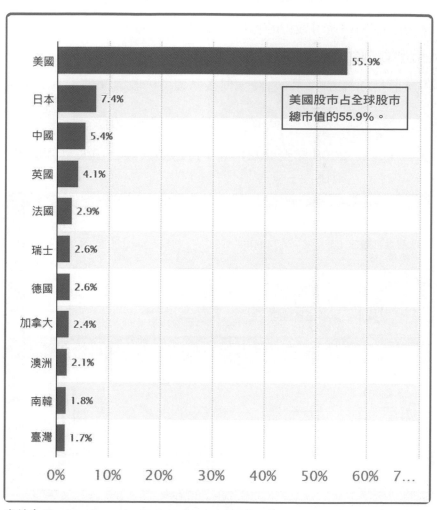

資料來源：http://www.statista.com/statistics/71068/global-stock-market-by-country/。

表 1-12 是統計 2008 年至 2021 年 4 月的美股與台股波動幅度。可以看見，美股不論是在根源於美國、引發全球股災的次貸危機，或是在美債風暴，拉回幅度都低於台股。

甚至在 2015 年中國股災，台股因許多產業鏈皆與中國有密不可分的關係，導致拉回幅度高達 30%，而美股僅 12%。雖然 2020 年美國因 COVID-19（新冠肺炎）疫情較臺灣嚴峻許多，使得美股拉回幅度略高於台股，但後續強拉，收復跌勢，再次領頭

圖表 1-12　2008 年至 2021 年 4 月的美股與台股波動幅度統計圖

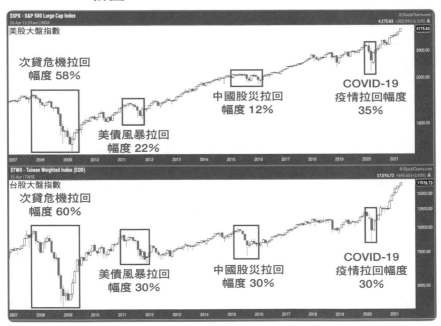

資料來源：StockCharts.com、筆者整理。

創新高。

　　工作多年後，遲遲不肯接觸投資的我，因為家庭因素，有了勢在必行的動力而開始投資，深感**與其投資台股中所謂的概念股，不如直接進入美股市場學習**。同時，**我將自己的身分設定為企業家、創投者、私募基金經理人**，是具備富人思維的投資人，所以眼光當然要放遠、思維當然要清晰明瞭。

　　前面提及許多美國境外企業都選擇在美股上市，那麼，具有企業家思維的我們，一定要在資金流動最大、成交最活絡的市場當一個稱職的投資人啊！於是，綜觀上述，我選擇了美股開啟我的投資人生。

3 我的股感，
來自生活體驗

很多時候，「情緒」才是影響投資獲利與否的重要關鍵。就好比我，在先生離世後，雖然很認真學習，但因為經濟壓力、小孩年幼，需要費心照顧時期，我的心還不夠強大堅強，就在這樣情緒不穩的狀態下，為了求快、沒有考慮風險，因而放大張數，投資二倍做多彭博原油 ETF（代碼：UCO），及二倍放空彭博原油 ETF（代碼：SCO）造成嚴重虧損，帳戶資金直接砍半，在2016 年就流失了近 5,000 美元。

所以資金控管很重要，投資情緒也很重要！更重要的是，要能夠**投資自己有「舒服感」的公司**！什麼是自己有「舒服感」的公司？

就是投資自己有興趣、有所研究的公司，這是獲利重要的一環。當初的我，其實對於 UCO、SCO 還不那麼熟悉，也不是太感興趣，只看到了「二倍」覺得備受吸引，表示獲利可以達兩倍的貪婪欲望，而忽略了虧損也是「兩倍」起跳啊！

別人是理性買股，我是感性下單

投資靠的是感性，而不是理性，相信很多人一定很驚訝！怎麼可以靠「感性」投資？其實就是要**讓自己在舒服的狀態下，投資自己有興趣的公司**。比如，現在很多人喜歡打電動、玩手遊，請問，打電動需要人家逼著你打、逼著你玩嗎？打電動就是因為有興趣才會一直投入、才會不時的研究攻略和闖關密技。常常因此而廢寢忘食的，大有人在，對吧！

投資當然也是**要找自己有興趣的產業或公司，尤其是生活中觸目所及，或是本身專業所在**。相信研究這些個股，也會讓人有「打電動」的爽度。如果又能透過這些自己感興趣的個股或產業操作獲利，就好比打電動破關打敗大魔王一樣，爽度爆表吧！如果能透過自己感興趣的個股進場操作，情緒上也一定會相對穩定、心態上也一定會相對舒服！

在這舉幾個實例，都是大家耳熟能詳，聽到絕對會「哦～我知道」的那種自帶光芒眼神。

先以我和小孩的最愛、讓我賺到足以帶著小孩 10 日遊 2 趟的迪士尼（代碼：DIS）為例。

我相信這個大家從小到大常聽常看的米奇、米妮、唐老鴨家族系列卡通，無人不知。又或者前一陣子超級夯的漫威電影宇宙（Marvel Cinematic Universe，簡稱 MCU）系列，如《美國隊長》（*Captain America*）、《鋼鐵人》（*Iron Man*）、《蜘蛛

人》（*Spider-Man*）等，這種高度商業娛樂大片。

還有大小朋友都喜歡的《玩具總動員》（*Toy Story*）、《汽車總動員》（*Cars*）等皮克斯動畫。更別提通殺全年齡層的迪士尼樂園，都是屬於迪士尼營收來源，甚至現在迪士尼也推出了屬於自己的串流媒體 Disney+。

相較於 Netflix，因為 Disney+ 有自有商品（迪士尼卡通、漫威電影、皮克斯動畫），而更有訂閱黏著率。Disney+ 原定目標是 4 年內達到 9,000 萬訂閱戶，沒想到在 2020 年因 COVID-19 疫情而迅速成長，2021 年初訂閱戶已達 9,490 萬之多。隨著疫苗陸續推出，全球疫情趨緩，迪士尼樂園也陸續開放，更使得其股價一路北漂創新高。

因為了解，所以當 2020 年 3 月因疫情大跌時，**「別人恐慌、我貪婪」**，反而是進場的好時機（參見下頁圖表 1-13）。若當時有在每股 80 美元進場，到 2021 年 3 月，以股價 203.02 美元創新高，投報率是相當驚人的 150％！而且從下頁圖表 1-14，我們可以看到在這一年裡，迪士尼甚至跑贏大盤 S&P 500 指數，表現優異。

再多說一個例子，相信大家都很愛麥當勞（代碼：MCD），一個被漢堡耽誤的薯條店、一個被速食耽誤的房地產公司。舉凡麥當勞展店之處，都是人潮密集的黃金地段，所以說麥當勞是眼光精準的房地產公司沒錯！

想想看，如果你每吃一個漢堡、每吃一根薯條，都在幫自己

圖表 1-13　2020 年至 2021 年 4 月迪士尼技術線圖

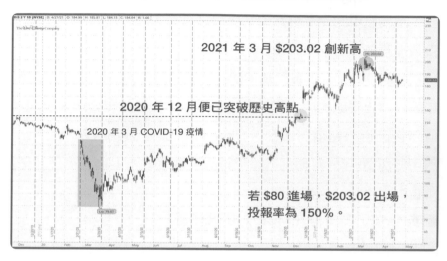

2021 年 3 月 $203.02 創新高

2020 年 12 月便已突破歷史高點

2020 年 3 月 COVID-19 疫情

若 $80 進場，$203.02 出場，
投報率為 150%。

圖表 1-14　迪士尼（DIS）與 S&P 500 指數（SPX）趨勢相較圖

迪士尼跑贏大盤 S&P 500 指數。

DIS

SPX

資料來源：CNBC。

的企業增加營收；你吃的每一口都聽到每一塊錢進入口袋的鏗鏘聲。身為股東的你，坐在麥當勞看著絡繹不絕的進店消費人潮，眼睛裡應該都是 $$ 的符號了吧！

就算 2020 年 3 月因為 COVID-19 疫情嚴峻，許多國家封城鎖國，禁止餐廳內用，使得麥當勞這樣的餐飲體質公司大拉回，但隨後因得來速取餐服務、Uber Eats 外送餐點服務，逆勢上漲，於 2020 年 9 月便創下歷史新高（參見圖表 1-15）。

圖表 1-15　麥當勞（MCD）技術線圖

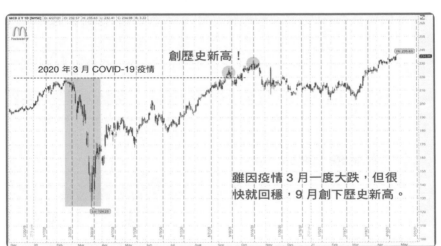

當然，如果喜歡穿 Nike（代碼：NKE）球鞋、喜歡喝星巴克（代碼：SBUX）的咖啡、喜歡逛好市多（代碼：COST）大賣場，甚至是股神巴菲特爺爺的最愛、因全球健康取向推出果

汁、茶飲的百年公司——可口可樂（代碼：KO），都可以成為
你的企業。

　　三不五時到店裡走走看看，喝杯咖啡、買個可樂，看著人們
進店買球鞋，或是生活用品，相信你的投資情緒不會因大盤短期
走弱而上下波動（參見圖表 1-16）。因為你看得見、因為你相
信這些都是優質企業、都是績優股，都是會為你帶來滿滿現金流
的好公司！

圖表 1-16　SBUX、COST、NKE、KO 四檔個股表現

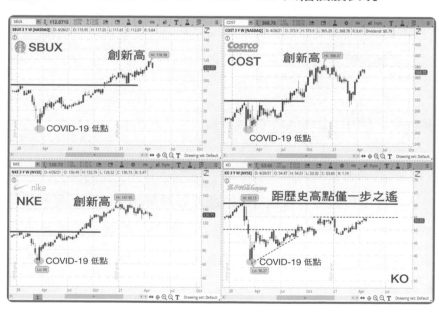

4 投資入門懶人包，美股市場的遊戲規則

美國股市是全球最開放和成熟的交易市場，許多國家的大公司都有在美國掛牌上市，就連我們的護國神山——台積電（代號：TSM）也有。而想買美股，該如何開始？在這一小節整理了關於新手投資美股需要知道的入門知識，希望能幫助你對投資美股更加了解。

買美股前的前置作業

購買美股就跟購買台股一樣，得先開證券戶才能購買。一般來說，要購買美股，我們可以透過海外券商開戶購買，或者透過委託的方式購買（也就是複委託），差別在前者不用支付手續費，後者要（參見第 52 頁），且前者須把自己的錢匯到國外去，而後者則是留在國內，由委託商買賣。

有的人覺得自己的錢放國內，比較看得到，也比較安全，但對於小資族的我們，若是直接透過網路自行在國外券商開戶，不論是手續費（有的甚至不須手續費），抑或是交易方便性、自主

性，都遠勝於國內複委託，也比較有賺錢的感覺。

如果選擇開立海外券商戶，那麼第二步就是將錢匯到海外券商的保管銀行內，一般都是直接去銀行做外匯匯款（按：簡稱電匯，目前電匯手續費為匯款金額的萬分之五，最高 800 元，郵電費通常 300 元，但每家銀行收費不同。由於每次匯款都須支付手續費，所以建議一次將投資的預算匯齊）。當然如果你有外幣帳戶，也可以透過銀行的網路銀行，先線上換成美元到外幣帳戶再匯出，尤其近期新臺幣走勢偏強，可換得的美元較多，對於小資族的我們，不妨多加利用。

投資小學堂

美股是以美元計價，所以免不了會面臨匯率問題。以 2021 年來說，因為美元走弱，難免會影響實際提領的獲利金額。

但換個角度來想，其實此時正是兌換美元、進入美股的好時機。因為同樣的一筆錢，可以兌換到較多的美元購買美股。且美元也非長期走弱，回顧過去 10 年，美元也僅在這兩年偏弱，其餘皆偏強勢。若沒有資金需求，也不須急於一時將獲利全部兌換回新臺幣。

完成開戶以及匯款之後，接著就可以透過網站或者手機 App
下單購買了（參見第 70 頁），而如果是複委託購買的，則是透
過證券公司海外網路下單平臺處理。

圖表 1-17　投資美股前置步驟

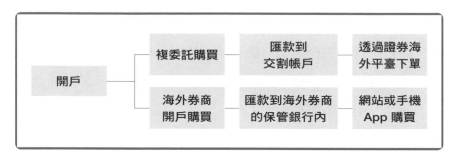

美股市場的遊戲規則

　　就跟我們玩遊戲前須先了解遊戲的玩法規則一樣，不懂得玩
法規則，怎麼可能會有贏的機會，所以在正式進入下一章的證券
商選擇和開戶流程前，先讓我們一起來了解。

　　1. **交易時間**：不同於台股一年四季都是固定的時間開盤和
收盤，美股開盤時間有分夏令和冬令（參見第 13 頁），夏令和
冬令會有 1 個小時的間隔。

　　2. **交易單位**：不同於台股 1 張是 1,000 股，**美股 1 張是
「100 股」**，且台股買賣一般是以 1 張（1 手）為買賣單位，但

美股是以「1 股」為買賣單位，可 1 股 1 股的買進和賣出。

　　3. **交割時間**：買賣股票後資金轉移在 2 個工作日後，也就是從成交日起算的第 3 個交易日。

圖表 1-18　美股交割規範

　　4. **交易手續費**：單筆計算固定價格，每家證券商不同，在後續章節會有說明（參見第 61 頁）。

　　5. **漲跌幅限制**：臺灣的股價每天有漲跌幅 10% 的限制，**美股沒有漲跌幅限制**，原來股價漲跌單位為 1／16 美元，現今多改為小數點制（最低為 1 美分）。須留意的是，因美股沒有跌幅限制，所以在遇到重大事項宣布、財報公告日時，股價會有非常大的波動。但美股**有熔斷機制**，當美股大盤跌 7% 時，交易暫停 15 分；大盤跌 13%，再停止交易 15 分；若大盤跌 20%，則當天提前休市（參見下頁圖表 1-19）。

圖表 1-19　美股熔斷機制 3 道門檻

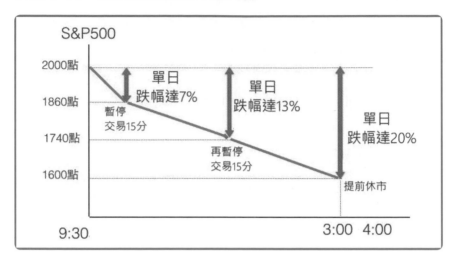

6. **股息的配發**：一般來說，**美股大多數的公司都是採用「季」配息，一年配發 4 次**，也有些公司是「每月」配，且股利的發放主要是現金股利。如果你想參加配息，須留意該公司所公告的「除息日」，如果是過了除息日才買入，則必須等到下一次才能領。

舉例來說，蘋果普通股（代碼：AAPL）2021 年股利發放如下頁圖表 1-20，如果想領到第四季的股利，則投資人必須在除息日 2021/11/05 的前一個交易日（2021/11/04）結束前持有股票。且與台股相同，在除息日，股票價格會扣除股利金額向下調整。不過，因為美股是按「季」配息，一年分 4 次給付，所以對除息日當日股價的影響並不明顯，才會有人誤認為美股除息日的

圖表 1-20　蘋果 2021 年股利發放

除息日（EX-DIV DATE）	股利種類（TYPE）	現金股利金額（CASH AMOUNT）	宣告日（DECLARATION DATE）	記錄日（RECORD DATE）	發放日（PAYMENT DATE）
2021/11/5	現金	0.22 美元	2021/10/28	2021/11/8	2021/11/11
2021/8/6	現金	0.22 美元	2021/7/27	2021/8/9	2021/8/12
2021/5/7	現金	0.22 美元	2021/4/28	2021/5/10	2021/5/13
2021/2/5	現金	0.205 美元	2021/1/27	2021/2/8	2021/2/11

開盤價不會扣除股息。

　　7. **證券交易所**：不同於臺灣只有一個臺灣證券交易所，美國因為領土廣大，所以有許多大大小小的證券交易所（後續簡稱證交所），且臺灣的證交所是公家機關，美國的某些證交所是上市公司。其中，最大、歷史最悠久的有三間——紐約證交所（New York Stock Exchange，簡稱 NYSE）、那斯達克證交所（National Association of Securities Dealers Automated Quotations，簡稱 NASDAQ）、美國證交所（American Stock Exchange，簡稱 AMEX），參見下頁圖表 1-21。

圖表 1-21　美國三大證交所比較表

交易所名稱	特色
紐約證交所（NYSE）	・歷史最悠久，是美國最大、最老的證券市場 ・採人工議價（喊價）的方式 ・民生用品類股都在這，如卡夫亨氏（代碼：KHC）、輝瑞製藥（代碼：PFE）、美國運通（代碼：AXP）等
那斯達克證交所（NASDAQ）	・全世界第一家電子股票交易市場，這裡的股票股價皆由電腦交易撮合 ・在這掛牌的公司多半為科技公司，如英特爾（代碼：INTC）、蘋果（代碼：APPL）、微軟（代碼：MSFT） ・NASDAQ 指數常被用做衡量科技股走勢的指標
美國證交所（AMEX）	・在這上市的公司多以中小型企業為主，交易量小、流動性低 ・外國股票在美國掛牌交易的主要場所，如台積電（代碼：TSM）、阿里巴巴集團（代碼：BABA）

另外，美股交易所也有例行休市日（參見第 14 頁），有打算要投資美股的人要留意一下。

8. **四大指標指數**：在美國有超過萬支股票在交易，且分屬不同交易所，也分屬不同指標指數，而對於美股新手有四大指數一定要了解（參見下頁圖表 1-22）。包含道瓊工業平均指數（Dow Jones Industrial Average，簡稱 DJI）、標準普爾 500 指數（Standard & Poor's 500，簡稱 SPX）、那斯達克 100 指數（NASDAQ 100 Composite Index，簡稱 NDX）、費城半導體指數（PHLX Semiconductor Sector Index，簡稱 SOX）。

圖表 1-22　美股四大指數整理

指數名稱	道瓊工業平均指數	標準普爾500 指數	那斯達克100 指數	費城半導體指數
代號	DJI	SPX	NDX	SOX
成分股	精選美國 30 檔藍籌股*	美國市值前500 大公司	美國科技類股指標	半導體類股指標
指數特色	唯一股票加權指數，歷史最悠久	總市值最高，最能代表美國市場全貌	以高科技為主，與台股連動性高	與台股連動性高，臺灣的台積電 ADR（美國存託憑證）也包括在內

* 藍籌股（Blue chip），又稱績優股、權值股，指在某一行業中處於重要支配地位、業績優良、交易活躍、公司知名度高、市值大、公司經營者可信任、營收獲利穩定、每年固定分配股利、紅利優厚、市場認同度高的大公司的股票。

9. **股票代碼**：相信看到這你應該有發現，不同於臺灣股票代碼是以數字表示，美國的股票代碼是以 1～5 個英文字母來表示，如果代碼為 5 碼，且結尾是 Y 或 F 代表的是上櫃公司，而非上市公司，例如愛馬仕（代碼：HESAY）。

10. **股票分割**：當一家公司股票太高時，則會執行分股的動作，可以使得股票面額變小、股數增加，但整體價值不變，可吸引更多人參與投資，例如原為 100 元×100 股，可將股票分割成 10 元×1,000 股。

看到這裡，相信大家對於美股的遊戲規則應該都有一個基本

的概念了。總結來說，投資美股的優點大致有如圖表 1-23 所列的 8 項，心動不如馬上行動，趕快跟著書中的說明，開立海外券商帳戶吧。

圖表 1-23　投資美股的好處

Chapter 2

第一次買美股就上手：
券商選擇與開戶流程

絕不要只仰賴單一收入，用投資為自己創造第二收入。

——華倫・巴菲特

1 常見海外券商比較 與手續費分析

　　「工欲善其事，必先利其器」，相信正在看這本書的你，有相當的意願想要進入美股世界，和我一樣月月 3% 現金流，卻又苦無管道，不知該從何下手！請別擔心，現在開始就要一步一步教你如何取得入場券，開啟你的金流人生。

吃掉獲利 25% 的怪獸 ──國內複委託手續費

　　在臺灣要操作美股，大家第一個想到的應該是國內券商的複委託。**複委託**，顧名思義就是「委託交易」，也就是委託國內券商至國外券商進行交易，所以**需要 2 次手續費，包含國內券商的委託手續費，及國外券商買賣股票的手續費**。

　　複委託手續費計算如下頁圖表 2-1。可以發現，先不論買賣金額，若是以一單獲利 400 美元、手續費以低消 50 美元來看，整個報酬就被吃掉至少 50×2＝100 美元（進場＋出場），獲利就這麼直接消失 25%，僅剩 300 美元了！

圖表 2-1　國內券商複委託手續費資訊

複委託手續費	成交金額×手續費率（%）	
費率	0.5～1%	
低消	15～50 美元／次（進出場各算一次）	
範例	假設手續費 1%，低消 50 美元	
	買進金額（美元）	手續費總額
狀況 1	1,000	1,000×1%＝10＜低消 50 收費 50 美元
狀況 2	6,000	6,000×1%＝60 收費 60 美元

資料來源：懶人經濟學、筆者整理。

　　對於小資族的我們，或是熱愛股市交易、頻繁進出的狂熱分子，若是直接透過網路自行在國外券商開戶，不論是手續費，抑或是交易方便性、自主性，都遠勝於國內複委託。

　　後續會為各位介紹目前臺灣常見的 5 家國外券商：德美利證券（TD Ameritrade，簡稱 TD）、盈透證券（Interactive Brokers，簡稱 IB）、第一證券（Firstrade，簡稱 FT）、嘉信證券（Charles Schwab，簡稱 SCHW），以及近年受年輕人喜愛的 e 投睿（eToro）。

存放海外的資金安全無虞

相信大家最擔憂的一點，就是：「我的資金在國外券商安全嗎？如果券商倒閉了怎麼辦？」首先來消除大家的疑慮。美國政府在金融這方面的監管制度嚴格，上述券商皆為美國證券投資者保護公司（Securities Investor Protection Corporation，簡稱 SIPC）及美國金融業監管局（The Financial Industry Regulatory Authority，簡稱 FINRA）的成員，都必須受相關法規監督。

SIPC 主要在避免投資人因為券商倒閉而受到損害，當券商是 SIPC 的會員時，其會員客戶就能受到保障。SIPC 會提供 50 萬美元，相當於新臺幣 1,500 萬元的保障，等於是買意外險的概念。而 FINRA 則是加強對投資者的保護，所有券商都必須依照相關法規受到監督。

但 e 投睿較為特別，相較於德美利證券、盈透證券、第一證券及嘉信證券為在美成立至少 35 年以上的券商，e 投睿是在 2007 年於以色列成立的券商公司。因在世界各地有其辦事處、分公司，因此受到不同單位監管（參見下頁圖表 2-2）。而身處亞洲地區開戶的我們，屬於澳大利亞證券和投資委員會（Australian Securities and Investments Commission，簡稱 ASIC）監管，並沒有提供如 SIPC 或 FCA 的帳戶保障。

e 投睿直到 2019 年才加入 FINRA 與 SIPC 受其監管，且僅

美國用戶可享有 FINRA、SIPC 保障。但較可放心的是，e 投睿客戶的資金是由第三方公正單位保管，e 投睿無法任意挪用投資

圖表 2-2　券商監管單位

券商	德美利證券	盈透證券	第一證券	嘉信證券	e 投睿
成立時間（西元年）	1971	1978	1985	1971	2007
所屬國家	美國				以色列
監管單位	SIPC、FINRA				歐洲：CySEC 英國：FCA 澳洲：ASIC 美國：SIPC、FINRA （僅限美國用戶）
帳戶保障	SIPC 50 萬美元 （約新臺幣 1,500 萬元）				CySEC ICF 2 萬歐元 （約新臺幣 68 萬元） FCA 8.5 萬英鎊 （約新臺幣 340 萬元）

說明：

1. SIPC：美國證券投資者保護公司、FINRA：美國金融業監管局、CySEC：賽普勒斯證券交易委員、FCA：英國金融服務局、ASIC：澳大利亞證券與投資委員會、ICF：投資者賠償基金。

2. 嘉信證券、德美利證券還額外提供客戶高達 1.5 億美元證券保障，和 200 萬美元現金保障。

3. 德美利證券於 2019/11/25 被嘉信理財集團併購，嘉信證券已儼然成為美國第一大券商。但截至目前德美利證券與嘉信證券相關業務仍各自處理，包含開戶及投資操作等。

資料來源：筆者整理。

人資金，目前保管銀行包括知名的巴克萊銀行（Barclays Bank）、澳洲國民銀行（National Australia Bank，簡稱 NAB）等。

英文不好別擔心，中文化好安心

每當我跟身邊親友提及美股投資，毫無意外，第一個反應，一定都是：「呃，我的英文很爛，看不懂，我不敢啦！」、「臺灣人只看得懂中文呀，介面、客服都是中文，多方便！」

嘿～但你知道嗎？感謝中國的人口第一大和驚人的消費能力，以前是「臺灣錢淹腳目」，我想現在應該改說：「人民幣淹腳目」了吧！因為資金氾濫，所以許多券商都積極朝中國發展，不只是全中文化介面，包括開戶、下單軟體，就連客服都是講中文的！而且部分券商還有臺灣客服免付費專線（參見下頁圖表 2-3），其中第一證券中文客服甚至是 24 小時服務。

目前下單操作部分，僅嘉信證券推出的手機 App 無法修改為中文，其餘各家 App 皆可設定為中文介面。而桌面軟體目前僅德美利證券與盈透證券推出自有的操作平臺，都可設定為中文化介面，其餘三家皆為登入官網後下單，操作介面相對簡易，適用於僅進行股票交易的初學者。

在此，特別**推薦德美利證券的下單介面**，若將盈透證券下單軟體比喻為安卓（Android）手機的操作，那麼德美利證券操作平臺就相當於 iPhone 手機，其介面較為人性化，比較直覺式操

作，不論是下單或是技術分析、帳戶交易紀錄及持倉（按：繼續持有的股票）狀況，都較為清楚明瞭。

圖表 2-3　券商中文化比較

券商		德美利證券	盈透證券	第一證券	嘉信證券	e 投睿
開戶介面		○	○	○	○	○
官網介面		○	○	○	○	○
下單介面	桌面軟體	○	○	— （直接官網登入下單）	— （直接官網登入下單）	— （直接官網登入下單）
	手機App	○	○	○	×	○
	模擬交易	○ （未開戶者限期60天）	○ （未開戶者限期一年）	×	×	○ （未開戶者限期一年）
中文客服	語音交談	○ 有臺灣免付費專線	○ 僅中國、香港專線	○ 有臺灣免付費專線	○ 有免費中文客服專線	○ 有臺灣免付費專線
	24HR	×	×	○	×	×

資料來源：筆者整理。

通常，初學股票的投資人或小資族的資金有限，就以我來說，因為肩負經濟壓力，每一分錢都得用在刀口上，進入股海浮沉，當然不希望有犯任何錯。這時，「虛擬倉」（或稱「模擬交易」）就是我們最好的練習平臺。

我們可以在虛擬倉熟悉介面，在虛擬倉不斷練習，大量犯錯、大量修正、大量學習。等到較為熟稔介面操作，或是對於策略布局設定好規則、對於資金控管練習得當，再進入真實帳戶，減少在股市中繳出的學費，才能持續穩定創造現金流。

目前**德美利證券、盈透證券與 e 投睿等三家券商皆提供投資人虛擬倉平臺**，讓尚未開戶的投資人可先練習、熟悉平臺操作，且虛擬倉的所有操作及報價都與真實狀況相同，並可將虛擬倉的帳戶資金設定為自己一開始想投入的資金，更貼近操作狀況。不過，尚未開戶前的虛擬帳號申請有其使用時間限制（參見上頁圖表 2-3），開戶完成後就有永久的虛擬倉可進行大量練習。

手續費降「零」更親民

在前面章節曾提到複委託手續費是吃掉獲利 25% 的大怪獸，先將複委託丟一旁，來說說台股交易手續費這件事，列表如下頁圖表 2-4。**在台股做股票買賣會產生 2 筆費用，分別是交易手續費及證券交易稅。**

交易手續費為每次（進場、出場各算一次）成交金額的

圖表 2-4　國內券商交易手續費資訊

證券交易手續費		
手續費總額＝成交金額×手續費率（％）＋證券交易稅		
費率	0.1425%（每月交易量＜100 萬的散戶享有最高 6 折優惠）	
低消	20 元／次（進出場各算一次）	
證券交易稅	僅於賣出時由主管機關收取 0.3%	
範例	手續費優惠 6 折，低消 20 元	
	成交金額（新臺幣）	手續費總額
買進	2 萬	20,000×0.1425%×0.6＝17.1 收費 20 元
賣出	2 萬	20,000×0.1425%×0.6＝17.1 收費 20 元 20,000×0.3%＝60 賣出的手續費：20＋60＝80
合計手續費為 20＋80＝100（元）		

資料來源：懶人經濟學、筆者整理。

0.1425%，如同複委託，各家皆有低消限制，最低 20 元，這部分是由券商收費，所以各家依據客戶每月交易量有其折扣的空間。**證券交易稅則是僅於賣出股票時，由主管機關收取成交金額的 0.3%**，這部分就無法享有優惠空間。

在圖表 2-4 的範例中，假設國內券商給予散戶（每月交易量小於新臺幣 100 萬元者）最高 6 折手續費優惠，並先忽略低消 20 元的條件，那麼總體買賣手續費的成本仍高達：

0.1425％×0.6×2＋0.3％

＝0.471％

　　也就是說單一個股的投資報酬率必須高於 0.471％ 才能真正稱得上獲利。以這基準來看，若一個月交易次數大於 6 次，則月月 3％ 現金流光是手續費就被吃掉了！更遑論現今坊間常聽見「年」報酬 5％、8％，如果交易超過 10 次，這一整年的 5％ 報酬全部回吐券商。

　　在 2018 年第一證券開了第一槍，將個股或 ETF 操作手續費調降為 0 之後，其餘各家陸續跟進或調降。目前各家手續費整理如下頁圖表 2-5。

　　表中所列的選擇權、期貨、差合契約（Contract for difference，簡稱 CFD）皆屬於具有槓桿（按：以小資金投資更大標的）的股票衍生性金融商品，因此有所謂的合約費。另，期貨屬高槓桿商品，僅德美利證券、盈透證券及嘉信證券有提供期貨商品交易。

　　而目前僅盈透證券的股票交易有交易手續費，其餘皆為免手續費。若與上述台股單純股票交易手續費相比，**美股交易沒有手續費成本，也就是說賺一塊是一塊、直接進口袋**。

　　在這裡建議後續有進入投資世界的你，若有獲利，記得提領

圖表 2-5　海外券商各項費用一覽

券商		德美利證券	盈透證券	第一證券	嘉信證券	e 投睿
交易手續費	個股	0	最低 1 美元（0.005 美元／股）每月低消 10 美元	0	0	0
	ETF	0		0	0	CFD 0.09%[2]
	選擇權[1]	0	0	0	0	X
合約費（美元）	選擇權	0.65	0.65	0	0.65	X
	期貨	2.25	0.85	X	1.50	X
出金手續費（美元）		25	10	35	25	5[3]
Visa 金融卡		X	X	○	○	X
帳戶閒置費用（美元）		0	帳戶資金 ・2,000～10 萬元：10 元／月 ・＜2,000 元：20 元／月（可抵手續費） ・＞10 萬元可免	0	0	12 個月內未登入，每月收 10 元，直到帳戶啟動

*1 臺灣用詞為選擇權，券商用詞為期權。

*2 CFD 為價差合約交易，具有「槓桿」與「雙向交易：買進或賣出都可以獲利」兩大特徵。手續費計算方式以點差為基準，0.09% 為單邊點差，意即買賣各計算一次。非股票、ETF 的商品 CFD，如虛擬貨幣，點差費較高。

*3 若帳戶資金超過 2.5 萬美元，則出金手續費為 0 元。

資料來源：網路資料、筆者整理。

一部分，帶家人或心愛的另一半安排一次的旅行、一次的美食饗宴，體驗這種現金流的美好，可以讓自己更有動力往前，讓自己能夠有高能量建構自己的金流人生。

海外券商都將提領帳戶資金稱為「出金」，目前各家券商的出金方式皆採電匯，e 投睿除可使用基本電匯方式外，也可使用信用卡、Paypal，但須考量國際匯差及其手續費。

在此，要特別推薦**嘉信證券**，因為嘉信證券開戶便會提供一**張 Visa 金融卡**，擁有這張金融卡，可在世界任一國家提領「當地」貨幣，如在臺灣就是提領新臺幣，單次提領上限 500 美元，單日提領上限 1,000 美元，且跨國提款免手續費（手續費會在 1～2 天內退回帳戶），相當好用！

雖然第一證券也在 2020 年推出 Visa 金融卡，但僅每月首筆提領免手續費，且帳戶資產需大於 1 萬美元，否則將收取 3% 費用，相較之下，嘉信證券優惠相對漂亮。

所以筆者很**建議投資人可以開兩個券商戶（建議是德美利證券與嘉信證券）**，一個作為交易使用，另一個可以開戶嘉信證券**取得提款卡**，便可透過交易帳戶與嘉信證券間的資金轉換，提領所需獲利，免去出金電匯手續費，享受屬於你的金流人生。

開戶資金 0 元起、投資商品多元化

為了吸引更多海外資金，目前多家券商開戶皆使用線上開

戶，線上填寫個人資料後，上傳身分證明及地址證明，並且填寫預扣稅務實益擁有人外國身分證明（W–8BEN 稅表）、電子簽名即可。W–8BEN 稅表為美國為了吸引外資投資美股，只要填寫這個稅表證明你的外國人身分，買賣美股的資本利得，就可以不必繳稅。

且上傳的文件日益便捷，只須有照片的身分證或護照，而地址證明可使用駕照或水電費帳單（帳單上的名字須為開戶申請人），不須另外申請英文戶籍謄本，省時方便。至於開戶門檻，越來越親民，除嘉信證券外，所有券商都將手續費調降至 0 元，只須在交易時再匯入資金即可（參見下頁圖表 2-6）。

由下頁圖表 2-6 可見，各家可投資商品甚是多元，除一般股票和近年銷售很夯的 ETF 外，具槓桿性的商品如選擇權、期貨、外匯，甚至到現在討論度熱烈的加密貨幣也可進行交易，但須注意，加密貨幣交易是以 CFD 價差合約（如 e 投睿）或是以期貨（如盈透證券、德美利證券）的方式進行，而非真實持有。

此外，雖然德美利證券無法操作全球股票，卻可透過區域性 ETF 進行投資參與，且德美利證券可交易 ETF 數量多達兩千三百多種，相當驚人！

各券商優缺點大公開

綜觀至此，上述重點及其他優缺點羅列如第 66 頁圖表

2-7。除 e 投睿外，其他 4 家券商筆者皆使用過，先是從第一證券開始，陸續轉移至盈透證券、德美利證券，及累積資金達 2.5

圖表 2-6　券商開戶門檻／投資商品一覽

券商		德美利證券	盈透證券	第一證券	嘉信證券	e 投睿
開戶門檻（美元）		○	○	○	2.5 萬	○
開戶所需資料	身分證明	身分證、護照	身分證、護照	身分證、護照	身分證、護照	身分證、護照
	地址證明	駕照、水電費帳單	駕照、水電費帳單	✕	駕照、水電費帳單	駕照、水電費帳單
投資商品	股票／ETF	○	○	○	○	○
	選擇權	○	○	○	○	✕
	期貨	○	○	✕	○	✕
	外匯	○	○	✕	✕	○
	加密貨幣	○	○	✕	✕	○
	共同基金	○	○	○	○	✕
	債券	○	○	○	○	✕
	全球股票	✕	○	✕	✕	✕

資料來源：筆者整理。

萬美元後開戶嘉信證券取得提款卡。平心而論，各有其優缺點。

第一證券真的是簡單到一個不行的操作平臺，對於當時初學者的我相對容易上手。

盈透證券的功能強大，且交易商品眾多，但操作介面非直覺式反應，總是需要思考一下才能確定是否為自己想要下單的策略方向。平臺對於技術分析尚顯不足，進行交易紀錄查詢也不親和，需要多熟悉官網介面。

除了 10 美元的月費外，最讓我詬病的，應該就是即時報價的部分須額外付費訂閱，且須於帳戶資金維持 2,000 美元以上方可訂閱，否則為延遲報價，即時性不足。訂閱制對於小資族的我，仍是成本考量之一啊！所以最終跳槽到德美利證券的懷抱中。

而嘉信證券如同第一證券，是相對簡單的操作介面，但我甚少使用，因為其手機 App 無法中文化，相關中文化介面也有待加強。不過，當初嘉信證券真的是那張 Visa 金融卡吸引了我，除了可提領當地貨幣、免提款手續費，其匯率也相對優惠。所以當資金累積到 2.5 萬美元後，我便迅速開戶，取得旅行世界免換匯的一卡通。

在下頁的圖表 2-7 中有一項「股息再投資計畫」，在臺灣的投資人都很喜歡所謂的「存股」，就是買進「高配息」股，藉由每年派發股息，存下更多資金。美股中的股息再投入也是同樣概念，只是差別在於，這個**「股息再投資計畫」**多了一個「錢

圖表 2-7　券商優缺點大公開（★越多表越佳）

券商		德美利證券	盈透證券	第一證券	嘉信證券	e 投睿
開戶	門檻	0	0（以月費為資金門檻）	0	2.5 萬	0
	資料填寫／遞送便利性	★★★	★★★	★★★	★★★	★★★
	審核時間	1 個月	3 天	1～2 天	5 天	3～5 天
交易費	股票	0	最低 $1	0	0	0
	ETF	0	最低 $1	0	0	0.09%
	選擇權	0	最低 $1	0	0	✕
出金	方式多寡	★★	★★	★★	★★	★★★
	手續費	$25	$10	$35	$25	$5
中文化	開戶／官網	★★★	★★★	★★★	★★★	★★★
	桌面／App下單	★★★	★★★	★★	★	★★
	客服	★★	★	★★	★★	★★
商品多元性		★★★	★★★	★	★★	★
操作介面簡易度		★★★	★★	★★★	★★★	★★★
模擬交易（虛擬倉）		○	○	✕	✕	○
到價提醒通知		Email手機通知	Email手機通知	登入介面訊息中心	登入介面訊息中心	登入介面訊息中心
帳戶安全性／保障		★★★	★★★	★★★	★★★	★★
股息再投資計畫		○	○	○	○	✕

單位：美元。　　　　　　　　　　　　　　　　　　　　　（接下頁）

券商	德美利證券	盈透證券	第一證券	嘉信證券	e 投睿
年化融資利率（融資 1 萬）	9.5%依帳戶資金調降	1.57%	8.75%	8.325%	8.39%
優點	1. 交易平臺最優 2. 相關費用友善 3. 中文化友善度高 4. 投資商品多元化 5. 有虛擬倉 6. 到價通知及交易以手機訊息通知，方便即時	1. 投資商品多元化 2. 有虛擬倉 3. 融資利率最低	1. 介面最簡單但功能少 2. 中文客服免付費且 24 小時 3. 開戶審核速度最快	有提款卡且優惠最好	1. 介面簡單但功能少 2. 開戶簡單 3. 跟單服務 4. 可用信用卡或 Paypal 入金／出金
缺點	1. 客服回應速度慢 2. 融資利率最高	1. 須訂閱即時報價 2. 有交易手續費 3. 交易平臺不易上手 4. 中文客服須撥打國際電話 5. 中文介面待加強 6. 有帳戶閒置費	1. 出金手續費最高 2. 交易商品種類少 3. 無虛擬倉	1. 開戶門檻高 2. 無虛擬倉 3. 中文介面待加強	1. 客服處理速度依客戶資金或知名度有差異 2. 有帳戶閒置費 3. 信用卡出金較慢，且有時無法成功

滾錢」的概念，也就是**將收到的股息再自動買進股票，使股數增加，隔年配息再增加**，不斷「錢滾錢」的「複利效應」，非常可觀！非常推薦這項強大功能，記得日後進入美股投資的美妙世界後，一定要設定喔！

另外，由第 66 頁的圖表 2-7 會發現德美利證券的融資利率最高！**融資相當於是跟券商借錢，每家券商可融資金額不同，但借錢就是要付利息**，在臺灣，個人信貸或房貸、車貸這種跟銀行借錢的行為也必須付利息，真心建議謹慎使用融資。

在這邊舉個活生生、血淋淋的例子。猶記得 2020 年 3 月因為 COVID-19 疫情的大逃殺，不斷熔斷、熔斷、再熔斷，連巴菲特都驚呼有生之年首見。

在那時大崩跌的狀態下，許多動用融資、高度槓桿的投資人都深陷斷頭、不斷被要求補足資金（台股所謂的融資回補發出的融資追繳令，美股中稱為 Margin call）來維持帳戶及持倉，當時我身邊許多朋友都因為過多槓桿而收到許多 Margin call 或融資追繳令，為了籌措資金而煩惱，或將仍在虧損中的帳戶持股直接賣出，只為補足融資保證金。

但我卻不受影響，就是因為確實執行資金控管、審慎使用融資。真心建議小資族的我們，謹慎使用融資，以我來說，所有資金都進入美股，若今天真的發生大逃殺，毫無資金補進帳戶，就會發生斷頭慘狀，可能就此消失在投資界了。所以德美利證券融資利率雖高，卻不是我所考量的優缺點。

　　綜合考量下，**筆者較為推薦德美利證券**，其操作平臺多元豐富，對於技術分析愛好者如我，非常受用！

　　除開戶審核速度快（含假日約 5 天內便可完成），其入金速度也很即時。因為小資族的我們對於每分錢都會相對擔憂，總會擔心資金是否成功匯入帳戶；而德美利證券在入金速度處理上相對令人安心！比如，若於臺灣時間下午 3:30 前至銀行臨櫃或線上電匯完成，可於當日夜間至隔日凌晨 2 點前看到帳戶資金到位，相當便捷！

　　另外，**查詢交易紀錄方便、下單直覺、即時報價無須額外花費訂閱（但 60 天的虛擬倉試用期為延時報價），且個股分析工具強大。**

　　2019 年 11 月德美利證券宣告由嘉信證券併購、2020 年 10 月完成收購案，自 2021 年 9月，兩家券商陸續整併業務，相信未來整併完成，便可享有平臺操作便利性，及 Visa 金融卡跨國提款之便。

　　立即行動，才有獲利豐碩、達成夢想的機會，因此在繼續閱讀前，建議讀者們不妨先行翻閱至本書附錄，進行開戶，取得帳號和密碼，我們在下一小節將會用到。在程序完成後，等待資料審查期間，Step by step，一步步跟著本書，朝著美好的下一階段邁進吧！

2 看圖例學虛擬倉操作下單

在等待帳戶開通的時間，把握每一刻，趁現在來學習德美利證券的虛擬倉操作吧！等待練習完成、開戶審核通過，就可以入金開始交易了！超棒的啊！

德美利證券的操作平臺是由 thinkorswim 公司開發的電子交易平臺，由於功能強大，德美利證券於 2009 年正式收購，以供德美利證券客戶使用。

德美利證券桌面平臺下載

請讀者先連結到德美利證券官網首頁（https://www.tdameritrade.com/zht），再依照下列步驟操作。

Step1 在登入的下方可以看到「工具及平台」連結，點選進入後可看到左邊出現許多選項，請點選「thinkorswim（簡稱 TOS）交易平台」。

圖表 2-8　TOS 交易平臺下載處

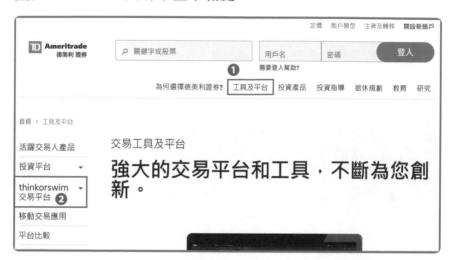

Step2 出現如下頁圖表 2-9 畫面，請點選左邊的「thinkorswim 桌面平台」。

　　目前 thinkorswim 提供桌面平台（電腦操作軟體）、網絡版平台，以及移動應用（手機 App）等三種方式。目前網絡版平台推出不久，因此許多功能相當陽春，但簡易的買賣股票是沒問題的，若要做更進一步的技術分析，找出進出場點，功能就稍嫌不足了。所以還是比較建議大家下載 TOS 桌面平台。

　　手機 App 目前支援 Android（安卓手機）及 iOS（iPhone 手機）兩大系統。其 App 功能也強大如桌面平台，所以若想環遊世界，一指賺旅費，不一定要帶上筆電，用手機也很便利。

　　在這，我們將針對桌面平台做簡易操作教學，故在點選

「thinkorswim 桌面平台」後,按「**立即下載**」,下載完畢後,請依照安裝精靈指示,完成程式的安裝(按:除許可協議須點選「我同意」之外,其餘皆使用預設值即可)。

圖表 2-9　TOS 平臺下載

平臺中文化及登入

Step1 安裝完成後,預設會自動啟動程式,並安裝更新(參見下頁圖表 2-10A),這屬正常程序。

Step2 更新完畢之後會出現登入畫面,這時候是英文畫面(參見下頁圖表 2-10B),可**按左下角的小齒輪圖樣**進行語言設定(按:如果安裝時已選繁體,則可跳過這邊的設定)。

Step3 在圖表 2-10C 畫面中，Language（語言）選擇「繁體」，Color scheme（背景顏色）預設為 Dark（暗色系），對於不習慣看小字的人，也可以自行調整字體大小（Font size）。選擇後，直接按「Save」（儲存），便可回到登入畫面。

Step4 這時就會切換成中文介面（參見圖表 2-10D）。請輸入帳號、密碼後，將下方「真實交易」往右滑選擇「**Paper Money**」（虛擬倉），按「**登入**」。

圖表 2-10　TOS 平臺登入設定

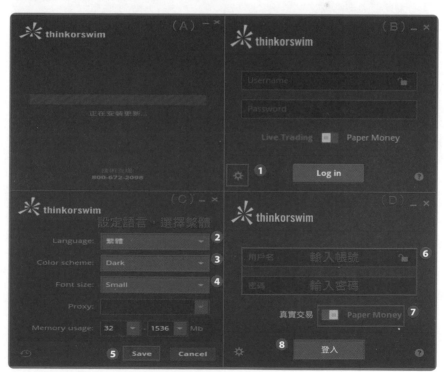

Step5 登入後，出現「thinkorswim 平台用戶協議和披露申明」視窗（參見圖表 2-11），是有關於客戶風險揭露及使用者同意說明，直接勾選「**Agree to all**」，再按「**接受并繼續**」。

圖表 2-11　thinkorswim 平台用戶協議和披露申明簽署

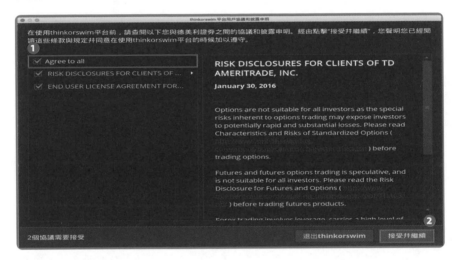

接下來以第 76 頁的圖表 2-12，依序由左到右、由上至下，概略說明目前看到的主畫面內容。因為已設定為中文化介面，所以目前顯示中文，但仍於括號加註英文名稱。

1. **延遲數據（Delay data）**：首次登入都是延遲數據，延遲市場 20 分報價。可點選右上角的「支持」，請客服協助調整為即時數據（Realtime data）。

2. **賬戶（Account）**：若登入真倉，帳號會顯示於此。

3. **賬戶信息（Account Info.）**：顯示帳戶購買力及淨值。所謂的購買力（Buying power）等同於保證金的意思，在操作的當下先扣一筆保證金（購買力下降），等到平倉（按：賣出股票）了再退還保證金（購買力上升）。

若有開設融資帳戶，則德美利證券給予的「股票購買力」（Stock buying power）為資金的兩倍，亦即最多可動用到融資（跟券商借錢）買入，或放空資金兩倍的股票。

「期權購買力」（Option buying power）與匯入資金相同，但期權購買力計算較為複雜，通常在訂單畫面會顯示，若購買力為 0 或低於 0，券商將會發出融資追繳令（Margin call），限時 3 個工作天補匯資金。

「現金轉存計劃賬戶」（Cash & Sweep Vehicle）顯示的金額為帳戶現有現金。

4. **觀察列表（Watchlist）**：每個人喜歡或感興趣的個股不同，可以建立自己的觀察列表，點擊連動圖表觀察個股趨勢或大盤走勢。

5. **支持（Support）**：線上文字客服，可即時請求客服支援，等候時間較語音客服短，但須以英文打字交談。這點必須得稱讚盈透證券線上文字客服，可以中文打字交談，對於臺灣人來說較為親民。

圖表 2-12　介面相關資訊

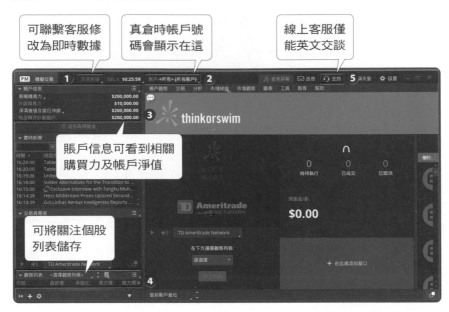

另放大中間區域如下頁圖表 2-13，分別為「賬戶觀察」、「交易」、「圖表」……等，較常用的為以下三者：

1. **賬戶觀察（Monitor）**：可點擊進入觀看帳戶持有狀況，以及當天交易紀錄，或回溯過往交易紀錄。

2. **圖表（Charts）**：主要用來觀察個股的趨勢變化，藉由技術分析取得最適化進出場點。

3. **交易（Trade）**：下單買賣股票及選擇權報價處，股票買賣可於「交易」或「圖表」上進行操作，但選擇權報價及交易須

圖表 2-13　常用三大功能

於此視窗進行。

　　分別再將這三大功能介面介紹及說明如下。

■ 賬戶觀察（Monitor）

　　見下頁圖表 2-14，主要常用的是「活動和倉位」（Activity and Positions）以及「賬戶概覽」（Account Statement）。「活動和倉位」顯示當天所有的交易狀況及帳戶持倉狀況，而「賬戶概覽」主要用來查詢過往的交易紀錄。

　　以「活動和倉位」為主要說明如下：

圖表 2-14　「帳戶觀察」之「活動和倉位」介面說明

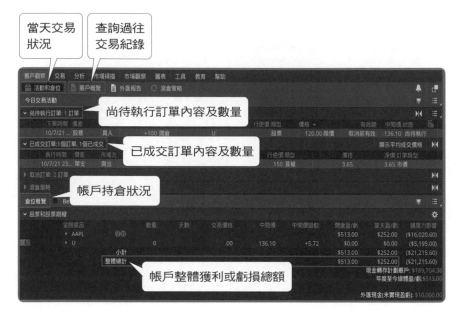

　　尚待執行訂單（Working orders）：通常為預設單，比如進場後預設停利停損單，就會顯示在此。

　　已成交訂單（Filled orders）：指當日已經成交的訂單內容，紅色為賣出，綠色為買入。

　　倉位概覽（Position Statement）：帳戶整體持倉狀況，包含所有股票、ETF 和選擇權（期權）等。

・金融產品（Instrument）欄位顯示該筆為股票或選擇權，
　股票則會顯示公司名稱，選擇權顯示到期日及契約內

容等。

- 數量（Qty）的部分，股票單位是股（Share），選擇權為契約，單位是一口，正值表示買進，負值表示賣出。

- 天數（Days）只適用於選擇權這種契約型態的金融商品，顯示數字為剩餘天數。

- 交易價格（Trade Price）為買進／賣出的持有價位。

- 開倉盈／虧（P／L Open）顯示從持有到目前的賺（盈）賠（虧），賺錢為正值，虧錢則為數字加上括號，如 -$30 顯示為（$30）。

- 當天盈／虧（P／L Day）則為開啟平臺登入後的那一天賺賠。通常建議看「開倉／盈虧」即可。

- 整體總計（Overall Totals）為帳戶整體盈虧狀況，有些投資人可能有數十檔操作，整體總計便可看出當下帳戶盈虧狀況。

■ 圖表（Charts）

　　一開始進入圖表，應該會是全黑畫面，但只要在左上方代號表單的地方輸入個股代碼，如「AAPL」（參見下頁圖表 2-15）後按下鍵盤上的「Enter」鍵，便會出現 AAPL 的線圖（或稱趨勢圖）。

　　圖表顯示的一根根的即為所謂 K 線圖。美股是一季發布一次財報，每次財報時間都會提前公布，然後以電話或燈泡符號顯

示於圖上。滑鼠移到符號圖示上時，便會顯示出那天的盤前或盤後財報，財報發布後會出現預估與實際的收益結果，如圖表 2-15，因已過財報日，故為實際收益 $1.4，若尚未至財報日，則顯示數字為預測值。

　　至於 $ 字圓圈是配發股息的日期以及配發的股息金額（如圖表 2-15 為每股配發 $0.22）。一張圖上便有相關資訊，對於投資人相當友善且方便，不需另行查詢資料即可得知。

　　對於技術分析派，會習慣添加一些技術指標，如台股投資人，最常聽見的就是所謂的均線、KD 指標、布林通道等（參見第 82 頁），在美股裡也同樣有許多技術指標，而 TOS 平臺在此

圖表 2-15　圖表操作示範

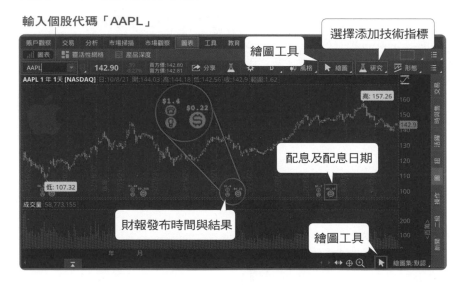

提供了多達 350 種以上的技術指標，提供投資人進行相關研究，直接點擊「**研究**」便可進行相關設定。

除了技術指標外，進行 K 線型態分析，也是技術分析很重要的一環，所以 TOS 平臺提供投資人相當多的繪圖工具（參見圖表 2-16），從基本的畫線、畫圓、寫文字註記，到進階的斐波那契回測、回歸線等，一應俱全。

除可於圖表上方「繪圖」進入選擇繪圖工具，也可於右下角進行繪圖工具選擇。

圖表 2-16　技術分析常用之繪圖工具

📊🔍 投資小學堂

✓ 均線（Moving Average，簡稱 MA）：代表過去一段時間的平均成交價格。

✓ KD 指標：又叫做隨機指標，在股票的技術分析方法中，主要用這個指標來判斷過去一段時間，股價強弱趨勢以及最新股價的相對高低位置，也會運用這些數字來尋找價格轉折點，作為進出場時機的參考。

✓ 布林通道（Bollinger Bands）：又稱布林帶、布林格帶狀、保力加通道，是由約翰‧布林格（John Bollinger）所提出的概念，可以從中看出買賣訊號、進出場時機。

✓ K 線：用來記錄股市某段期間的股價，英文 Candlestick Charts，意思是蠟燭圖。K 線是根據股價一天（或者某一週期）走勢中形成的四個價位：開盤價、最高價、最低價、收盤價（開、高、低、收）繪製而成。

✓ 斐波那契回測（Fibonacci retracement）代表著整體市場的規律，可幫助在單邊趨勢下卻沒辦法判斷進出場點的人，預測合理價位。

　　光是圖表使用與設定上，其功能就相當強大！上方提及的僅一部分，還有其他相當便捷、有意思的功能操作，等著你研究。

■ 交易（Trade）

可於圖表上的**價格顯示任意處**點按滑鼠左鍵 ❶，或於 K 線圖中的任一處點按滑鼠右鍵 ❷，皆可出現「買入」（Buy）／「賣出」（SELL），如圖表 2-17 顯示；

圖表 2-17　股票買賣操作方式圖解

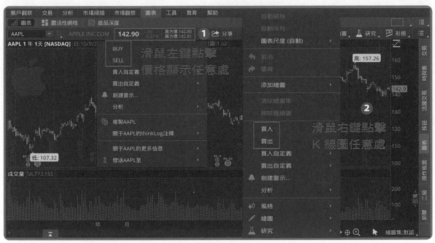

以買入股票為範例，點選「**買入**」，會出現訂單確認對話框。資訊如下頁圖表 2-18 所示。可在此看到佣金即為手續費，誠如前述章節所說，股票、ETF 手續費為 0。而購買力則會有 -$7,135 的影響，這裡購買力的計算為券商經由個股波動與其他相關數據所得，無須過度了解其計算公式。重要的是後續剩餘的**購買力**為多少，須注意**不可低於 0**。

圖表 2-18　訂單確認對話框資訊說明

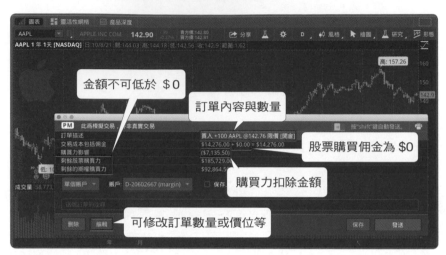

　　若要修改購買個股數量，或是買入價位等，可點選**「編輯」**進入「訂單輸入工具」修改。

　　進入訂單輸入工具，可以看到幾個可編輯項目，包含簡單的買入／賣出（Side，如下頁圖表 2-19 ❶，買入訂單為綠色，賣出訂單為紅色）、數量（Qty，如下頁圖表 2-19 ❷）、個股代號（Symbol）、金融類型（Type）、價格（Price，如下頁圖表 2-19 ❸，可調整欲買入價位），以及訂單條件（Order，如下頁圖表2-19 ❹）、有效期（TIF，如下頁圖表 2-19 ❺）。

　　訂單條件 ❹ 有數個選項可供選擇，常用的如下：

　　市價（MARKET，簡稱 MKT）：訂單送出即以當下市場價

圖表 2-19　訂單編輯對話框說明

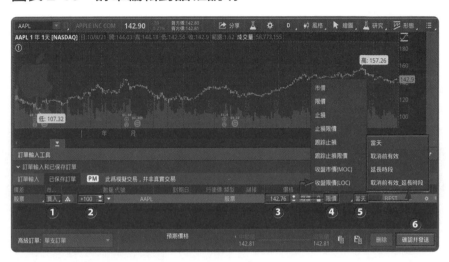

格買入，所以「有效期」欄位無法修正；比如市價 $134.72，即以 $134.72 直接買入。

　　限價（LIMIT）：優於某個價位才做買入／賣出，假設買入限價 $130，則在拉回 $130 才會買入。反之，若是賣出限價 $120，表示 $120 或以下才會賣出。使用時機多為進場單及停利單設定。

　　止損（STOP）：通常用於停損單的設定，假設買入後，止損設為 $100，價格跌至 $100 或 $100 以下立刻停損出場。這樣設單的好處是，萬一財報不佳或是大盤崩跌，突然一根跳空遠低於 $100（假設為 $80），就可以立刻以 $80 賣出，便不會發生因為續跌造成無法出場使虧損擴大的狀況。

止損限價（STOPLIMIT）：使用此設定會有兩個欄位都要填入價位。這個設定為限定於某個價位（假設 $100）才能進／出場；若進場單為買入，使用止損限價，則當股價高於或低於 $100 都不會成交，一定要在股價為 $100 的條件才會買入，容易錯過進場點。

同理，若停損單設於停損限價，則當股價一毫不差的在 $100 才會停損，這對於跳空下跌時，容易遇到續跌而無法出場，造成虧損擴大的狀況。所以請記得，**進場單可用限價或止損限價，停損單請使用止損做價位設定**。

至於「有效期」❺ 相對好理解，「有效期」顧名思義是定單成立多久有效。選項有當天（DAY）、取消前有效（GTC，Good till cancel）、延長時段（EXT）以及取消前有效_延長時段（GTC_EXT）。

取消前有效：意即在投資人主動取消訂單前都是有效訂單，但最多 90 天內有效。

延長時段：非開盤時段（盤前盤後）也可交易。

取消前有效_延長時段：在主動取消訂單前的非開盤時段都是有效訂單。

完成訂單輸入後，按下「**確認并發送**」❻，便會再次回到「訂單確認對話框」（第 84 頁圖表 2-18），再次確認訂單無

誤，並確認購買力後，即可按下「**發送**」，使訂單成立。

另一個可以進行買賣下單的窗格，就是「交易」，如圖表 2-20。點選「賬戶觀察」（Monitor）旁的「**交易**」（**Trade**），顯示 AAPL 的所有報價，包含即時股價、成交量及選擇權。

若要買入（Buy），請點選**賣方價（Ask）**，意即股票持有者最低願意出售的價位，所以就是投資人可能買進的最高價位。而買方價（Bid）為賣出或放空股票時使用，是投資人願意付出的最高價位。聽起來很饒舌，也很容易搞混，但無須擔心，如果仍是搞不清楚，可先任意點選，便會跳出「訂單輸入工具」。

不得不嘉許 TOS 平臺的貼心，將「**買入**」統一設定為綠色、「**賣出**」操作設定為紅色，所以若不小心點錯了，還可以藉

圖表 2-20　交易窗格支下單操作介面

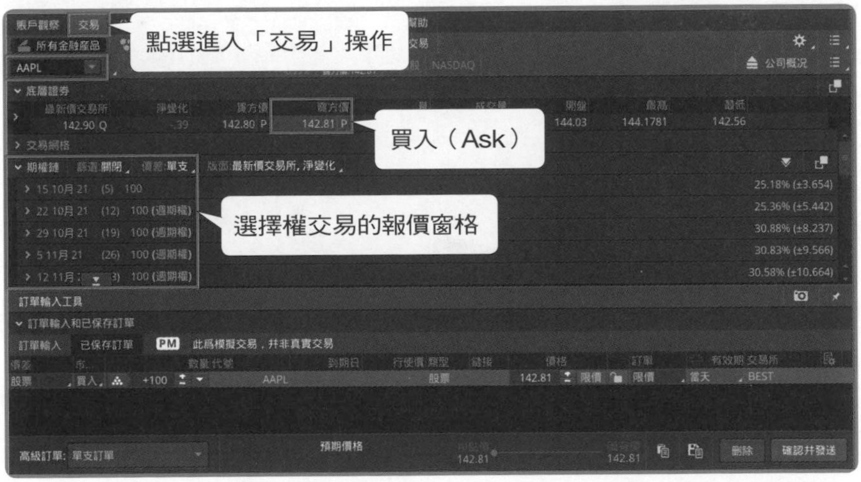

由顏色區別，於「訂單輸入工具」的「市場方」進行修改即可。調整所需股數、價格、訂單條件及有效期後，按下「**確認并發送**」，跳出「訂單確認對話框」，同樣再次確認訂單無誤後，即可發送等待成交。

訂單發送後，可回到「**賬戶觀察**」（Monitor）→「**活動和倉位**」（Activity and Position）確認訂單是否發送成功（參見圖表 2-21）。若訂單已成交買入，則訂單會由「尚待執行訂單」（Working Orders）移至「已成交訂單」（Filled Orders），並可於下方倉位概覽（Position）欄位，看到數量（Qty）及進場價位（Trade Price），確認訂單已成交。

圖表 2-21　訂單成交確認及持倉狀況一覽

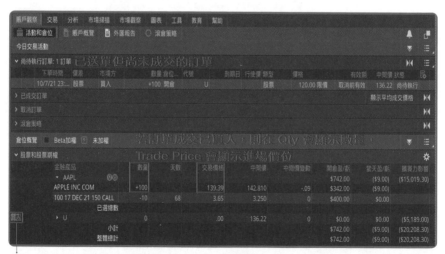

顯示目前這檔個股的預設操作（此處為買入 Buy）

Chapter 3

不熬夜，月月獲利 3% 的懶人挑股術

華爾街是靠不斷交易來賺錢，你則是靠不動如山去賺錢。

——華倫・巴菲特

1 直接投資產業，ETF 是最佳選擇

　　每個人的心中都有一個名為「懶惰」的小惡魔，總是想著有人可以幫忙做得好好的，不是挺好的嗎？在投資上也是，所以才會有「聽說」策略：「聽說某某名嘴講，最近航運股很夯，要不要投資一點？」、「聽說××財經臺有報導電動車超火，連中國都好幾家搶入，快趁現在卡位」，或是聽說哪個朋友的內線消息──某一檔會漲到哪就盲目進場。

　　「聽說」策略一直歷久不衰的主要原因除了人性本「懶」，也是因為有人掛保證，不用自己參加股東會、不用研究一堆財報數據，也不用看線圖做技術分析，真是一種名符其實的「懶人投資法」。只是這種懶人投資法，往往得到消息都是第 7 手、第 8 手消息，晚了好幾步。這種投資法，也只能告訴你進場，卻沒告訴你何時出場，所以「住套房」機率還真不小。

　　基因裡也有「懶」字的我，剛踏入股市，對於個股財報總是一個頭兩個大，不明所以，也會很希望能有強者幫我挑選個股。或許是大家都這麼想，所以近年來 ETF 這樣的金融商品詢問度火熱，交易量之高（如下頁圖表 3-1）更甚於一些熱門股。

圖表 3-1　日成交量最大的前 5 檔 ETF 與個股

成交量前 5 大 ETF		
代碼	股名	平均日成交量
SQQQ	ProShares 三倍放空那斯達克指數 ETF	93,145,047
SPY	SPDR 標普 500 指數 ETF	72,536,391
XLF	SPDR 金融類股 ETF	50,498,758
QQQ	Invesco 那斯達克 100 指數 ETF	39,563,344
EEM	iShares MSCI 新興市場 ETF	38,020,211

成交量前 5 大個股（市值＞200B〔2 兆美元〕）			
代碼	股名	市值	成交量
AAPL	蘋果	2343.12B	58,648,948
BAC	美國銀行	367.66B	39,373,411
BABA	阿里巴巴集團	450.76B	33,349,159
CMCSA	康卡斯特	245.44B	23,835,699
XOM	艾克森美孚	254.13B	22,069,878

資料來源：etfdb.com, FINVIZ，資料明細：2021/10/08。

買一檔 0050，等於買進臺灣前 50 大公司

所謂的 ETF，英文全名是 Exchange Traded Fund，指數股票型基金。一般大眾所熟知的傳統型基金，是由基金經理人篩選個股，幫你買入一籃子股票，進行風險分散，達到多元投資目的。而 ETF 這種指數股票型基金，同樣具有上述傳統型基金特性，最大也最重要的差異在於，**ETF 可以直接讓投資人在股票市場裡交易，操作特性等同於股票，相當靈活自主。**

其實你一定聽過 ETF，在臺灣無人不知、無人不曉的 0050（元大台灣 50），就是一檔 ETF。**買進 0050，就等同於買進臺灣前五十大公司。**

從下頁圖表 3-2 羅列的前 10 大公司，不難發現光是半導體產業就占了 58.33％（參見第 94 頁圖表 3-3），其中台積電更是占持股比例將近 50％，等於是台積電漲、0050 跟著歡騰；一旦台積電拉回，則 0050 的帳面數字也會不太好看。**操作 ETF 的優點之一為分散風險，可是當某一檔持股比例過重，便將失去這項優點！**

以 0050 這種追蹤大盤指數的 ETF，稱為被動型 ETF，這種類型的 ETF 會跟隨著大盤漲跌，當大盤漲，被動型 ETF 就跟著漲。由第 94 頁的圖表 3-4 的三張線圖比較，可發現 0050 與大盤指數走勢完全相同，而其中因持股近半為台積電（代碼：2330），也因此三張線圖近乎相同。

圖表 3-2　0050（元大台灣 50）基金持股明細

股票名稱	比例（％）	產業
台積電	47.97	半導體
聯發科	4.34	半導體
鴻海	4.31	電子
聯電	2.39	半導體
富邦金	2.03	金融保險
台達電	1.9	電子
南亞	1.65	半導體
台塑	1.62	塑膠
國泰金	1.6	金融保險
中鋼	1.53	鋼鐵

資料來源：MoneyDJ，資料明細：2021/10/08。

分散風險我最愛

在美股中也有許多這類型的 ETF，最為人所熟知的，就是 SPY（SPDR 標普 500 指數 ETF）了。

SPY 是追蹤 S&P 500（標準普爾 500）指數的 ETF，也就是

圖表 3-3　0050 產業分布圖

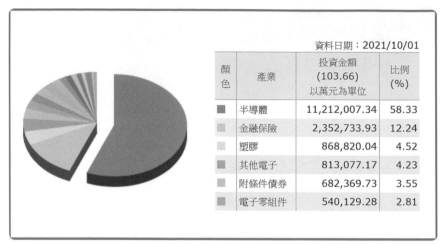

| | | 資料日期：2021/10/01 | |
顏色	產業	投資金額 (103.66) 以萬元為單位	比例 (%)
■	半導體	11,212,007.34	58.33
■	金融保險	2,352,733.93	12.24
■	塑膠	868,820.04	4.52
■	其他電子	813,077.17	4.23
■	附條件債券	682,369.73	3.55
■	電子零組件	540,129.28	2.81

資料來源：MoneyDJ。

圖表 3-4　臺灣加權股價指數、0050 與台積電線圖比較

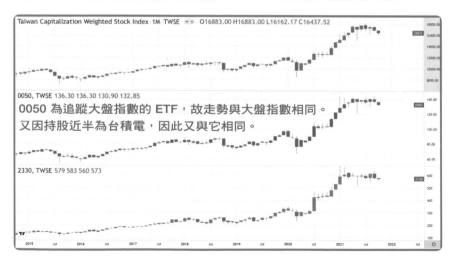

追蹤前 500 大公司，其持有個股前 10 名如圖表 3-5。與 0050 最大明顯的差異是，SPY 分散投資，產業別廣泛（參見下頁圖表 3-6），且單一持股比例最高僅 6.01%，對於風險分散達到一定效果，當個股輪動漲跌時，SPY 也不至於因某一檔造成較大帳面虧損。

圖表 3-5　SPY 前 10 大持股

股票代碼	公司名稱	比例（％）	產業
AAPL	Apple Inc.（蘋果）	6.01%	消費性電子
MSFT	Microsoft Corporation（微軟）	5.93%	科技
AMZN	Amazon.com Inc.（亞馬遜公司）	3.83%	消費性電子
GOOGL	Alphabet Inc.（字母控股）	2.23%	通訊服務
FB（MVRS）	Meta Platforms, Inc.（原臉書）	2.14%	通訊服務
GOOG	Alphabet Inc.（字母控股）	2.08%	通訊服務
TSLA	Tesla Inc.（特斯拉）	1.71%	消費性電子
BRK.B	Berkshire Hathaway Inc.（波克夏）	1.40%	金融保險
NVDA	NVIDIA Corporation（輝達）	1.39%	科技
JPM	JPMorgan Chase & Co.（摩根大通）	1.36%	金融保險

資料來源：MoneyDJ，資料明細：2021/10/08。

圖表 3-6　SPY 產業分布圖

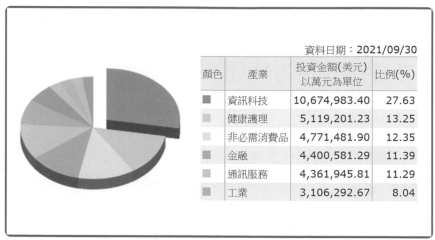

資料來源：MoneyDJ。

圖表 3-7　SPX、SPY 及 AAPL 線圖比較

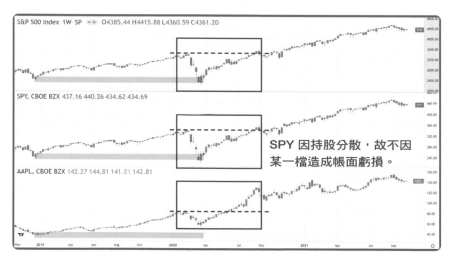

由上頁圖表 3-7，比較 SPY 追蹤的 S&P 500 指數（代碼 SPX）及最大持股 AAPL 線圖，SPY 與 SPX 漲跌一致，而 SPY 與 AAPL 則有所不同，最顯而易見的看到圖上方框，SPX 與 SPY 於 2020 年 3 月皆跌破長期支撐（灰色區域），隨後反彈於 8 月創新高。

而 AAPL 則未跌破支撐，且於 6 月便已創新高。隨後個股輪動，2021 年開始，科技股進入盤整收縮，資金輪動至其他產業板塊，因此 SPY 能享有分散投資風險的好處而持續漲勢如虹。

連股神巴菲特也青睞，還寫在遺囑裡

大家熟知的價值投資愛好者——股神巴菲特，自 1993 年起便不斷在股東會或致股東信中推薦指數型基金 ETF（在此皆指被動型 ETF）。他曾在 2020 年波克夏（巴菲特創立的公司）股東大會中提及買進標準普爾 500（S&P 500）相關 ETF，在他的遺囑中仍舊維持**將九成資金配置在 S&P 500**。

2021 年 5 月巴菲特再次於波克夏股東大會提到，並推薦 S&P 500 指數基金。巴菲特的論點是，**隨著時間的推移，30 年前後市值前 20 大公司將有巨大改變，很少、很少、很少有人能挑選出贏家，而從長期來看可受益於持有指數基金（ETF）**。

在此所說的 S&P 500 指數基金即為 SPY 或 VOO（Vanguard S&P 500 ETF）這類型的 ETF。能獲得股神巴菲特推薦的商品，

相信也很適合我們一般的散戶、小資族!

讓我們看看下面圖表 3-8,可見不論 SPY 或是 VOO,整體在 3 年、5 年甚至 10 年,投報率都優於大盤,且有將近 15% 投報率,不僅打敗 3% 通膨,也打趴許多基金經理人的績效!

圖表 3-8　SPX、SPY、VOO 投報率比較

代碼	股票名稱	3 年	5 年	10 年
SPX	S&P 500 Index (標準普爾 500 指數)	16.56%	15.52%	12.19%
SPY	SPDR S&P 500 ETF (SPDR 標普 500 指數 ETF)	18.64%	17.65%	14.38%
VOO	Vanguard S&P 500 ETF (Vanguard 標普 500 指數 ETF)	18.75%	17.75%	14.46%

資料來源:Morningstar。

搞懂 ETF 分類,就等於完成風險控管

在常見海外券商比較中,曾提及德美利證券有多達 2,300 種 ETF,光是追蹤大盤指數 ETF 就超過 20 檔。被動式 ETF 除追蹤大盤指數外,還有其他類別,如第 100 頁圖表 3-9 所示。

ETF 除本身已具備風險分散優點,另外也可透過 ETF 搭

配，落實資金控管、風險比例分配，如於牛市可做指數型或產業型搭配債券型分散投資。

筆者個人偏好指數型、商品型、產業型／特徵商品型，指數型的優點方才已提及，而商品型及特徵商品型，另有其流通性、交易簡便等優點。比如，購買黃金這樣的商品，需要開立黃金存摺，買賣時也存在流通性疑慮，且交易時間較長；而其ETF──SPDR 黃金 ETF（GLD），只需要動動手指一按，便可以買賣。

又或是特徵商品中有一項房產 ETF，試想，房地產買賣進場需較大筆資金，對於小資族有一定難度，且一旦有資金需求，買賣耗時；但房產 ETF 如同 GLD，買賣僅幾分鐘內便可搞定。

在此特別請讀者小心槓桿型及反向型，在操作前須先謹慎了解，並做好資金控管，強烈建議新手投資者先屏除此項 ETF，專心於其他穩健的 ETF 商品。

被動型追蹤指數，主動型由經理人管理

有「被動型」ETF，就有「主動型」ETF，光從字面上便可以發現兩者差異在於，被動型 ETF 主要在「追蹤」相關指數或商品，而主動型 ETF 是有專業基金經理人團隊進行商品篩選並投資。

目前較夯的主動型 ETF 多為股票型 ETF，也就是投資一籃

圖表 3-9　被動型 ETF 分類

被動型 ETF

指數型	追蹤指數	SPY, DIA, IWM, QQQ, VOO, VTI
債券/固定收益型	追蹤債券	TLT, IEF, SHY, JNK, PCY, TIP
商品型	追蹤黃金、石油等商品期貨	GLD, SLV, UCO, XME, DBA, DBC,
區域型	追蹤國家/區域指數	VT, IOO, EWZ, MCHI, BKF, VWO
產業型/特徵商品型	追蹤產業類別、房產、貨幣等	XLY, XLF, XLU, VNQ, IYR, SMH
槓桿型/反向型	透過衍生性商品槓桿收益或反向操作	SCO, SH, DOG, QLD, DDM, BOS

資料來源：etfdb.com、筆者整理。

圖表 3-10　主動型 ETF 分類

主動型 ETF

股票型	投資股票
債券型	投資債券
商品型	投資美元、大宗商品期貨等
貨幣型	投資貨幣
多元資產型	投資股債及其他商品
特殊型	如主動策略/絕對報酬 ETF

資料來源：etfdb.com、筆者整理。

子股票的基金，如最為人所熟知的、女股神的方舟基金系列（代碼：ARKK）等，或是近年也很熱門的 ESG（永續投資）理念基金（代碼：LRGE）等。

其績效因為有專業團隊定期、或依市場狀況進行個股篩選及持股比例調整，因此有較為優異的投報率（參見圖表 3-11），不過主動型 ETF 通常成立時間不久，最長多只能看到 5 年，有些甚至成立不到 5 年，如 LRGE。

圖表 3-11　主動型 ARKK、LRGE 與被動型 SPY 投報率比較

代碼	股票名稱	3 年	5 年	10 年
SPY	SPDR S&P 500 ETF （SPDR 標普 500 指數 ETF）	45.98%	17.65%	14.38%
ARKK	ARK Innovation ETF （ARK 新興主動型 ETF）	121.86%	48.36%	46.93%
LRGE	ClearBridge Large Cap Growth ESG ETF （ClearBridge 大型成長股 ESG 主動型 ETF）	45.80%	22.68%	—

資料來源：etfdb.com、Yahoo! Finance、筆者整理（統計至 2020/12/31）。

2 免費美股篩選器，懶人專用

前述章節提及許多 ETF 優點，但大多數投資者仍偏好自行依據興趣專長喜好等進行選股操作。因此除了 ETF 投資外，我個人也很喜歡當各家企業股東。但，該如何挑選好標的，能讓我安心睡、穩穩賺取月月 3% 現金流？能讓我不須每天盯盤、好好享受陪伴小孩的時光，更重要的是，可以不用花太多心力去整理個股基本面、財報資訊？

如何進行標準的懶人投資，是一門很重要的課題，以下分享幾個常用的挑股法，提供大家參考囉！

FINVIZ 免費強大美股資料庫

在臺灣進行股票操作，很多個股相關的公司基本面、財報資訊，除了自行至各大公司官網搜尋相關資訊，或參加公司法說會獲取財報資料，讀著數字多、文字又長的財報資料這兩個管道外，都必須透過付費網站取得整理後的資訊。

身邊的同事好友對於此點都甚為詬病，我本身也很認同使用

者付費，但或許是被美股的資源廣泛與大家的樂於分享寵壞了，對於這方面，真心推薦投資美股的好！**許多資源與資訊都是免費分享，甚至有著強大的資料庫提供投資人進行個股篩選比較。**

　　在這，分享一個超級強大的免費美股篩選器──**FINVIZ**，其資源之豐富令人為之讚嘆。由於 FINVIZ 內容相當豐富，以下筆者僅就較常使用的幾個功能，來為大家說明這個資料庫的使用方式。

　　首先請輸入「finviz.com」進入網站，如圖表 3-12。可看到許多資訊，有美股三大指數當日表現（以小時線呈現），也可在右下方看到個股市占版圖大小，以及當日漲跌表現。

圖表 3-12　finviz 首頁

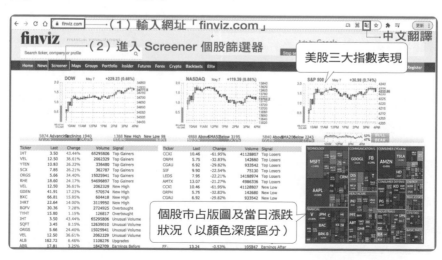

與台股相反的是，**紅色為下跌，綠色為上漲，漲越多，綠色越亮**，非常一目瞭然的整體狀況。

　　看不懂英文也沒關係，使用 Chrome 瀏覽器的好處是，可點選右上角翻譯圖示進行中文翻譯（按：或在頁面空白處按右鍵選翻譯成中文〔繁體〕），可以翻譯大部分內容，只是 Google 翻譯是直譯，可能與股市用詞有些微落差，後續介紹時會盡可能為讀者們進行詞句轉換。

　　接下來請點選「Screener」（篩選器）進入條件設定網頁，如圖表 3-13。

　　大致說明一下。從圖表 3-13 可以看到有「Descriptive」（描述性）、「Fundamental」（基本面）、「Technical」（技術

圖表 3-13　Screener（篩選器）條件設定

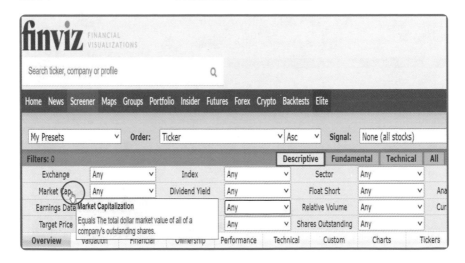

面）3 個標籤，當然也可以直接點選「All」標籤，羅列所有條件進行篩選。

　　首先介紹 Descriptive，由上頁圖表 3-13 可看到有許多的選擇，都是下拉式選單，操作相對便捷。將滑鼠停留於每一個項目，皆會出現該項目的說明，可以更清楚該項目的用意為何。在此僅介紹較為常用的部分，當然讀者也可以就各自有興趣的項目設定條件。

　　在這針對圖表 3-13 中的三個條件設定進一步解釋。

　　1. Market Cap.（Market Capitalization）：公司市值，其選項如圖表 3-14。建議至少要選擇「+Large（over $10bln）」，

圖表 3-14　Market Cap.（公司市值）選項

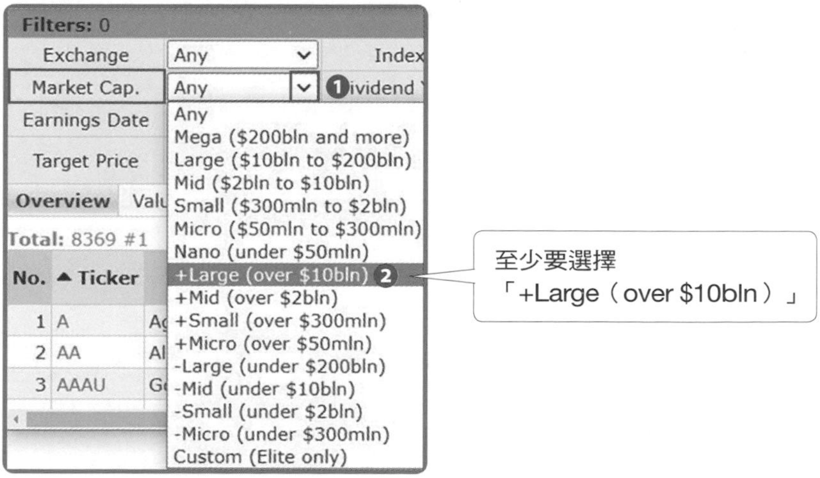

bln 為 Billion（10 億），盡量選市占可以達 10 億以上的中大型公司，因為公司營運穩定，不容易有倒閉的風險疑慮，且較無投機成分，多為一般投資法人或基金經理人所偏好。

2. **Average Volume：平均日成交量**，選項如圖表 3-15。個人偏好設定 Over 2M（超過 200 萬），M 指的是 Million（百萬）。通常成交量低，容易有流通性風險，也就是想買難以進場、想賣卻賣不掉，或被迫賣在不利的價位。成交量較大的，則因為流通性高，進出場都是百萬股，多為基金經理人或是法人所偏好。這樣的個股條件，成交撮合量大、交易速度快，也相對較安全。

3. **Sector：產業類別**。可自行選擇喜歡的類別查詢。

圖表 3-15　Average Volume（平均日成交量）選項

Filters: 0					De
Exchange	Any	∨	Index	Any	∨
Market Cap.	Any	∨	Dividend Yield	Any	∨
Earnings Date	Any	∨	Average Volume	Any ❶	∨
Target Price	Any	∨	IPO Date		

Overview	Valuation	Financial	Ownership	P
Total: 8404 #1				

No.	▲ Ticker	Company
1	A	Agilent Technologies, Inc.
2	AA	Alcoa Corporation
3	AAAU	Goldman Sachs Physical Gold ETF
4	AAC	Ares Acquisition Corporation
5	AACG	ATA Creativity Global
6	AACI	ARMADA ACQUISITIO
7	AACIU	Armada Acquisition Co
8	AADI	Aadi Bioscience, Inc.
9	AADR	AdvisorShares Dorsey Wright ADR ETF
10	AAIC	Arlington Asset Investment Corp.

Any
Under 50K
Under 100K
Under 500K
Under 750K
Under 1M
Over 50K
Over 100K
Over 200K
Over 300K
Over 400K
Over 500K
Over 750K
Over 1M
Over 2M ❷
100K to 500K
100K to 1M
500K to 1M
500K to 10M
Custom (Elite only)

我個人偏好設定「Over 2M」

　　圖表 3-16 中，因為 Google 翻譯為字面直譯，與股市中常用分類有些許偏差，因此另整理對照表如圖表 3-16 右圖。如 Energy 其實是能源類股，而不是直譯的「活力」；Utilities 為公共事業類股，如電力或石油等相關企業等。

圖表 3-16　Sector（產業類別）選項

	Google 翻譯	股市分類對照
Any	任何	任何
Basic Materials	基礎材料	原物料
Communication Services	通訊服務	通訊服務
Consumer Cyclical	消費周期	非必需性消費
Consumer Defensive	消費者防禦	必需性消費
Energy	活力	能源
Financial	金融	金融
Healthcare	衛生保健	衛生保健
Industrials	工業	工業
Real Estate	房地產	房地產
Technology	技術	技術
Utilities	公用事業	公共事業
Custom (Elite only)	自定義（僅限精英）	自定義（僅限精英）

　　附帶說明，每個選項最下方都有個 Custom（Elite only），Google 翻譯為「自定義（僅限菁英）」，意思即為需加入付費會員可享有更多的資訊服務。其實，光是免付費的資訊便已經取之不盡，可憑所需自行決定是否加入。

　　「Fundamental」（基本面）也提供了許多資訊，參見下頁圖表 3-17。常看財報資料的投資人一定都很熟悉 EPS（每股盈

餘），而光是 EPS 就有不同選擇可設定；另外還有如資產負債
比（Debt／Equity）、資產收益率（ROA）、股東權益報酬率
（ROE）、股票配息率（Payout Ratio）等，因網頁呈現方式淺
顯明瞭，在此便不多做贅述，可憑需求條件進行設定。

圖表 3-17 Fundamental（基本面）條件設定畫面

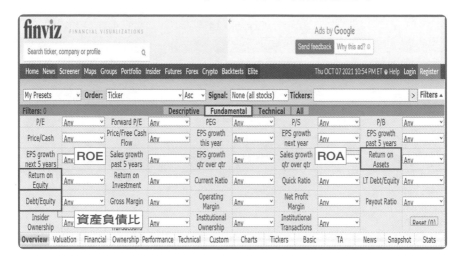

投資小學堂

✓ EPS：Earnings Per Share，每股盈餘，又稱每股收益或每
股盈利，是指公開市場上，每股給投資者／股東帶來的
收益。

✓ 資產負債比（Debt／Equity）：表示用於為公司資產籌措

　　資金的股東權益與債務的相對比例。

✓ 資產收益率（ROA）：Return on Assets，又稱資產回報率
　　或資產報酬率，是用來衡量每單位資產創造多少淨利潤
　　的指標。

✓ 股東權益報酬率（ROE）：Return on Equity，衡量股東權
　　益投資報酬的指標，反映公司利用資產淨值生產獲利的
　　能力。

✓ 股票配息率（Payout Ratio）：股息分配比例。

　　最後進入「Technical」（技術面），設定畫面如圖表 3-18。

圖表 3-18　Technical（技術面）條件設定畫面

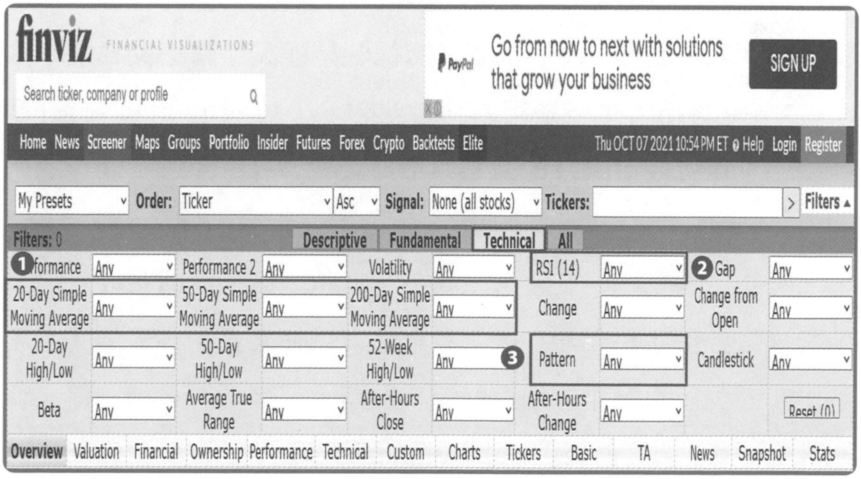

1. **20／50／200-Day Simple Moving Average**：Simple Moving Average 即為簡單移動平均線（以下簡稱 SMA），20SMA 為統計 20 天收盤價的移動平均值。

在台股中，常見的 SMA 為 5 日、10 日、20 日、60 日及 240 日，由於台股投資人多短期操作，所以使用 5SMA、10SMA 較多。

在美股世界，基金經理人多是觀望 20SMA、50SMA、200SMA，意即關注月線、季線及年線。**若股價在 20／50／200SMA 之上，則相對強勢。**但建議仍以實際線圖型態判斷為主。

2. **RSI（14）**：Relative Strength Index，由英文全名可了解為相對於大盤指數的強弱。大都以 RSI 觀察 14 天的價格計算變化。RSI 與台股中所謂的 KD 指標相同，都是在提醒投資人超買或超賣等個股是否過熱的狀態。但同樣的，此為落後技術指標，皆為輔助判斷趨勢，主要仍須依照線圖型態調整修正交易策略。

3. **Pattern**：主要是用來判斷型態。下拉式選單內容有許多種型態，**筆者較為偏好的型態如下頁圖表 3-19 圈選。**同樣的，因 Google 翻譯為直譯較難理解，故整理為常見術語如右。

若有三角收縮、雙重頂／底、多重頂／底、頭肩頂／底，表示其經過盤整收縮（按：在支撐與壓力區間震盪），表態（參見第 148 頁）後的操作會相對舒服，推薦大家參考，後續章節（參見第 149 頁）會再針對上述型態稍加解說。

圖表 3-19　Pattern（型態）選項，框選為筆者偏好型態

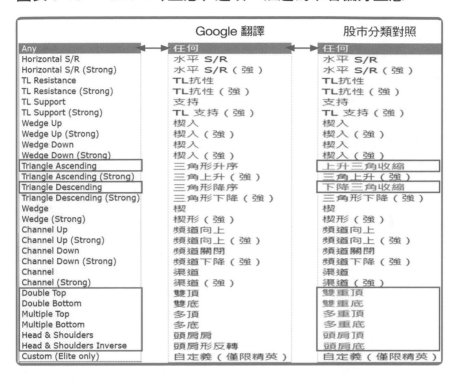

FINVIZ 資料庫之強大，就是在於將型態表示於圖上，供投資人整理比較，就算是不懂如何技術分析者，也可藉此關注即將表態的個股，準備進場交易。

以下以筆者個人偏好設定做示範，並解說網頁搜尋結果如下頁圖表 3-20。於條件設定，可看到 Descriptive 後面顯示「（2）」表示有 2 個條件設定（公司市值為 Mega〔$200bln and more〕、平均日成交量為 Over 2M），同樣的在 Technical 有 1

個設定（型態為 Triangle Ascending），進入「All」顯示所有設定，就可一目瞭然設定了哪些條件。

接下來，請點選圖面紅色箭頭的「**TA**」，會出現符合條件的個股線圖及相關資料，並依據個股代碼字母排序。以此條件搜尋結果第一家為 JNJ，在右下可看到該公司的相關資料，包含個股代碼、公司名稱、公司所屬國家、產業別、市值及其他數據資料等。

左下為個股線圖，因在型態（**Pattern**）處選擇「**Triangle Ascending**」（上升三角收縮），所以可看到虛線紅框處即為上

圖表 3-20　finviz Screener 搜尋結果呈現

我個人的偏好篩選設定：
Market Cap. 為 Mega（$200bln and more）、Average Volume 為 Over 2M、Pattern 為 Triangle Ascending

升三角收縮型態，FINVIZ 很貼心的將壓力線與支撐趨勢線也一同呈現出來，線圖上也顯示了 20 ／ 50 ／ 200SMA。

　　介紹至此，相信大家一定都相當認同 FINVIZ 資料庫的功能強大，趕快進入 FINVIZ 網站找尋適合自己的個股吧！

CANSLIM 飆股人人愛

　　在投資世界裡，不論中港台股或美股，投資人一定都希望能夠挑選到一飛沖天的飆股，可以像特斯拉（代碼：TSLA）一樣在一年內就有 743％ 的驚人投報率（參見圖表 3-21）。飆股人人愛，但該如何挑選，就是一門學問。

圖表 3-21　特斯拉投報率

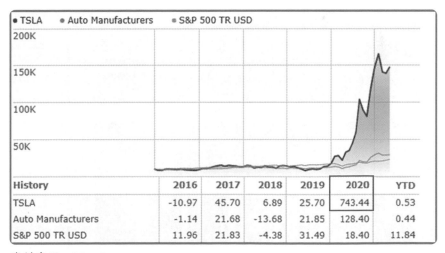

History	2016	2017	2018	2019	2020	YTD
TSLA	-10.97	45.70	6.89	25.70	743.44	0.53
Auto Manufacturers	-1.14	21.68	-13.68	21.85	128.40	0.44
S&P 500 TR USD	11.96	21.83	-4.38	31.49	18.40	11.84

資料來源：Morningstar。

在美國有位威廉・歐尼爾（Willian J. O'Neil）投資大師，經由大數據研究領漲個股特性，判別飆股在「飛」起來之前的特徵，提出了一種成長性股票投資策略——CANSLIM，並創立了知名的「投資人財經日報」（Investor's Business Daily，簡稱 IBD），篩選個股納入 IBD50 成為飆股名單（後續皆稱為 IBD50），且出版了《笑傲股市》（*How to Make Money in Stocks：A Winning System in Good Times or Bad*）一書，成為成長股投資的經典書籍。

接下來讓我們來認識一下 CANSLIM 選股法則。CANSLIM 各個字母分別代表一項個股特性，其中 CAN 為個股基本面，SLIM 為技術面。說明如下。

圖表 3-22　CANSLIM 選股法則

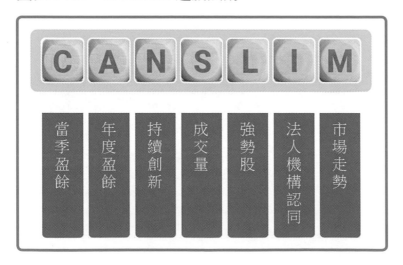

1. **C（Current Quarterly Earnings）**：當季每股盈餘（EPS）較去年同期有 25% 以上成長，或最近 3 個季度 EPS 持續成長。

2. **A（Annual Earnings Growth）**：年度每股盈餘連續 3 年有 25% 以上增長。

C 和 A 主要都是判斷個股獲利的基本面，當季 EPS 或近三季 EPS 主要看近期獲利能力；而年度 EPS 連續成長則是考驗公司長期穩定性。

輔助指標：

ROE（股東權益報酬率，稅後盈餘／股東權益）＞17%；

每股現金流／EPS＞20%。

C、A 可利用上節 FINVIZ 資料庫，或進入 IBD 官網（www.investors.com）查詢，以代碼 INMD 為例，查詢方式如下頁圖表 3-23。

3. **N（New Product, Service, Management or Price High）**：如同英文字意，為新產品、新服務、管理階層、經營策略或股價高。以上皆代表當公司持續創新，雖然許多創新需要時間驗證，但可進一步了解是否發展出無可取代、領先業界的優勢。如同當初的 iPhone、Tesla 電動車等，都是經過時間發酵，才成為我們現在看到的回報率破表的成長型飆股。

4. **S（Supply and Demand）**：股票供需法則。意指流通在外股數，若日成交量過小（40 萬股以下），法人機構通常買

圖表 3-23　C、A 可透過 IBD 官網查詢

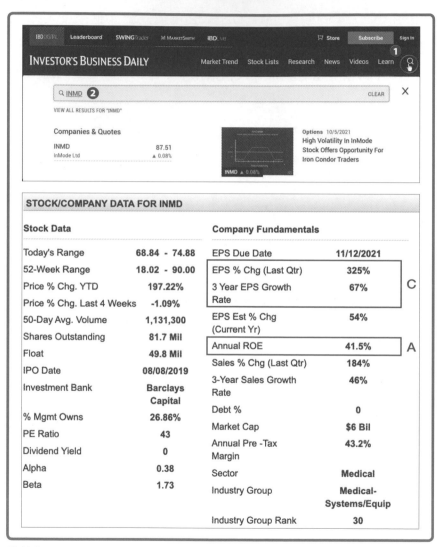

資料來源：www.investor.com。

進意願低。若該公司正在買進自家股票，即股票回購，且公司管理團隊持有大量自家股票，表示公司對於未來表現很有信心，此時市場供給也會減少，可多關注股票會回購的公司。另，當股價突破時，該日成交量較平日多出 40% 以上，顯示法人機構正大動作介入，亦可多關注。

5. L（Leader or Laggard）：表該檔個股為產業的領頭羊或是強勢股，可藉由相對價格強度挑選。強勢股通常能領先大盤上漲，順勢交易。

資料同樣可透過 IBD 官網查詢，如上頁圖表 3-23 所示。往下捲動頁面可看到如下頁圖表 3-24 框選處判別值，其地位在 IBD 評比名列第一。下方有部分排名，RS Rating 需是付費會員方可取得資訊。但沒關係，有該領域評比亦可判別其領頭羊地位。

6. I（Institutional Sponsorship）：此為法人機構認同度，意指有相關法人強勁需求，許多領先股背後皆有其支撐。這部分等同於台股所說的「主力籌碼面」，這樣解釋對於台股轉美股的投資人應該相對熟稔。

7. M（Market Direction）：市場走勢亦即大盤方向，說穿了就是要「順勢而為」。當大盤走漲，大多數股市也會跟隨其方向。如果把大盤走勢想像成紅綠燈，當市場亮紅燈，就該停下來觀望，而不是繼續往前衝。

CANSLIM 選股法則，看似相當複雜。欲操作 IBD50，須繁

圖表 3-24　領頭羊評比

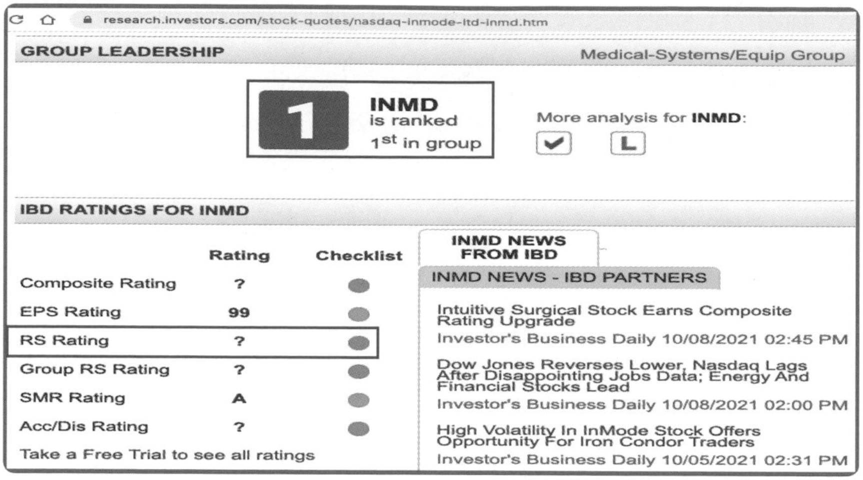

資料來源：www.investor.com。

複的尋找各項資料，自行確認這 7 項法則是否符合。再簡便一點的方式是成為 IBD 付費會員，但除試用期外，每個月費用將近 35 美元。

　　以上兩種方式耗時又花錢，故在此**推薦讀者們可關注 IBD 50 的 ETF（代碼：FFTY）**，藉由 FFTY 的持股便可觀察 IBD 50 的最新狀況。

　　如下頁圖表 3-25，頁面顯示前 15 大持股（Holdings），若想知道 IBD 50 檔個股，可再點選下方 Export⋯⋯連結匯出所有持股。查詢有興趣的個股資料後，再輸入 TD 看圖軟體，進行進出場點篩選，選出屬於自己的飆股名單。

圖表 3-25　IBD 50 的 50 檔個股查詢方法

FFTY Innovator IBD 50 ETF
Price: $47.35 ↑
Change: $0.52 (1.11%)
Category: Large Cap Growth Equities
Last Oct 07, 2021　更新日期
Updated:

FFTY Stock Profile & Price

Dividend & Valuation

Expenses Ratio & Fees

Holdings

Holdings Analysis Charts

Price & Fund Flows Charts

ESG

Performance

Technicals

Realtime Rating

NEW! Advisor Report & Fact Sheet

Top 15 Holdings

Symbol	Holding	% Assets ↓
CELH	Celsius Holdings, Inc.	3.77%
WAL	Western Alliance Bancorp	3.63%
SWAV	Shockwave Medical, Inc.	3.56%
ATKR	Atkore Inc	3.44%
RGEN	Repligen Corporation	3.40%
PAG	Penske Automotive Group, Inc.	3.39%
UPST	Upstart Holdings, Inc.	3.33%
DVAX	Dynavax Technologies Corporation	3.29%
INMD	InMode Ltd.	3.18%
DDOG	Datadog Inc Class A	3.16%
PRFT	Perficient, Inc.	3.12%
TASK	TaskUs, Inc. Class A	3.12%
IT	Gartner, Inc.	3.12%
GNRC	Generac Holdings Inc.	3.05%
SPT	Sprout Social Inc Class A	2.95%

匯出 IBD 50 檔個股名單

Export All Holdings to CSV with ETFdb.com Pro

資料來源：etfdb.com。

方舟基金牛市女皇挑股法

　　猶記得在 ETF 分類介紹中，曾提及主動式 ETF，當時以女股神的方舟基金為例。在這先來與大家分享這位與股神巴菲特齊名的女股神、牛市女皇——伍德女士為何名聲響亮。

　　伍德女士有長達四十多年投資經驗，認為傳統指數或大型基

金追蹤一籃子老牌企業，無法與時俱進，因而低估創新、具前瞻性的公司。與巴菲特秉持的價值投資不同，她認為，隨著技術的進步，以及不可過度依賴指數，資產管理研究部門需要重新設置，因而創立了方舟基金。

這家主題式重點投資的基金公司，憑藉**「破壞性創新」模式**，面對這些大多數尚未由虧轉盈的新興科技，伍德女士與其團隊總能於其中找到最佳投資，因而創造了投報率遠超於大盤指數ETF──SPY 的優異表現（參見下頁圖表 3-26）。

由下頁圖表 3-26 可看到，其年化投報率大都達 SPY 兩倍以上。再由第 122 頁圖表 3-27 的當年度投報率可看出，除初期表現外，自 2017 年開始，ARK 四檔 ETF 投報率皆跑贏大盤，更甚者在 2020 年，當年度投報率可達 SPY 的 5～10 倍，這也就是為何伍德女士被譽為「女股神」、「牛市女皇」了！

在更進一步了解 ARK 資料前，先來談談所謂的「破壞性創新」或「顛覆性創新」。在 iPhone 推出前，沒人能知道，手機會對生活型態造成巨大改變！少了手機便失去生活機能，仿若離群索居、與世隔絕。而這便是所謂的破壞性創新，顛覆了大家的想像，甚至生活。

再舉個例子，在 20 年前電影中看見的情節，如自動駕駛、無人機，或是 Google 眼鏡的頭戴式顯示器、穿在身上的透明顯示器，又或遠端遙控機器人手臂進行手術等，慢慢開發、呈現在世人面前。這些科技，就是所謂的「破壞性科技」。

圖表 3-26　ARK 旗下 5 檔 ETF 與大盤指數 ETF 年化報酬率比較

ETF	股票名稱	年化報酬率（%）		
		3 年	5 年	10 年
ARKK	ARK Innovation ETF（ARK 新興主動型 ETF）	79.51	34.85	42.52
ARKG	ARK Genomic Revolution ETF（ARK 生物科技創新主動型 ETF）	72.13	41.17	36.71
ARKW	ARK Next Generation Internet ETF（ARK Next 物聯網主動型 ETF）	81.26	38.13	47.97
ARKQ	ARK Autonomous Technology & Robotics ETF（自主技術與機器人主動型 ETF）	90.63	30.75	34.14
ARKF	ARK Fintech Innovation ETF（金融科技創新主動型 ETF）	74.57	—	—
SPY	SPDR S&P 500 ETF Trust（SPDR 標普 500 指數 ETF）	48.05	16.67	17.09

資料來源：Morningstar、筆者整理。

　　接下來將介紹 ARK 旗下五檔 ETF，其基金名稱如第 123 頁圖表 3-28，藉由名字就可略為知道各自著重主題，在此整理相關領域於圖表中。而 ARK 於 2021 年 3 月底成立另一檔太空探索與創新主動型 ETF——ARKX，由於成立不久，因此在此不多做說明。

圖表 3-27　ARK ETF 與 SPY 當年度投報率比較圖

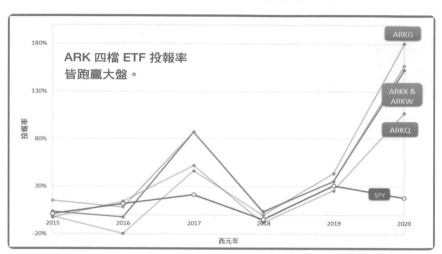

資料來源：Morningstar.com、筆者整理。

　　首先為**破壞性創新科技──ARKK，為整體創新科技領域之總和，分散性較另外四檔為佳**；ARKG 為革命性基因工程，其投資範疇有著許多專業醫學知識，仰賴 ARK 基金團隊篩選操盤，而有了相當優異的表現（參見第 124 頁圖表 3-29）；ARKW 著重於次世代智慧網路，包括物聯網、雲端資料庫，及疫情期間所需的遠距平臺等相關類型。

　　隨著科技日新月異，AI 人工智慧越來越廣泛應用於生活上，這就是 ARKQ 遴選個股的主要領域，如無人駕駛，或機器人、商品製作所需的 3D 列印技術等。由於越來越多人在平臺上購物，甚至線上看屋等，因此電子商務、行動支付等創新交易，都讓 ARKF 備受關注。

　　當然大家可以直接投資 ARK ETF，但誠如此章節一開始所言，許多人想要自主選股投資，可是就像 ARKG 這種牽涉到許多專業的醫學知識，要去篩選出優質個股，有相當難度，尤其新創公司初期的投報率不見得能立即顯現，如下頁圖表 3-29 中，ARKG 持有的部分個股投報率為負值，你我該如何慧眼識英雄？能如 ARK 基金經理人萬中選一挑到 PACB（加州太平洋生物科學公司）或 FATE（生技公司 Fate Therapeutics）這樣的爆發性個股，真的要有獨到眼光。

　　由於伍德女士對於其 ARK 基金相當有自信，因此每日都會更新各檔 ETF 持股狀況，所以建議由官網取得最新資料為佳。

圖表 3-28　ARK 旗下 5 檔 ETF 主題及持股領域

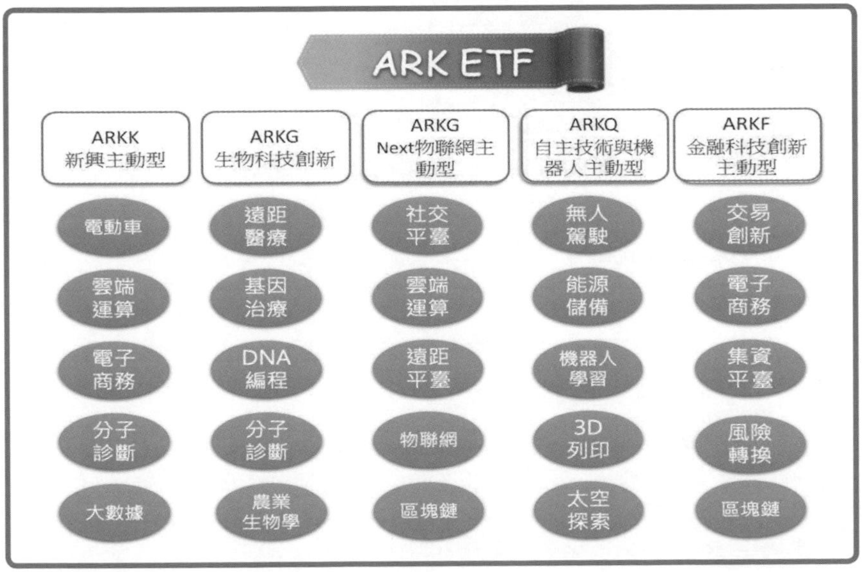

以下皆以 2021 年 10 月 8 日持股狀況介紹。欲了解這五檔 ETF 持有狀況，可直接進入官網 **https://ark-funds.com/**，點選所欲查詢 ETF（參見下頁圖表 3-30），在此以 ARKK 為例。

　　進入 ARKK 網頁後，點擊「**Holdings**」（參見下頁圖表 3-31），便可看到前 10 大持股及其比重，且會顯示更新日期（參見第 126 頁圖表 3-32），也可下載所有 ARKK 持股及比重、股數等資訊的 PDF 檔。

圖表 3-29　ARKG 及其前 10 大持股的 1 年、3 年及 5 年年化報酬率

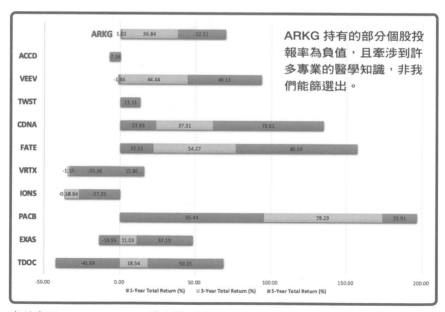

資料來源：Morningstar、筆者整理於 2021/10/08。

圖表 3-30　ARK 基金官網

圖表 3-31　ARKK 資訊

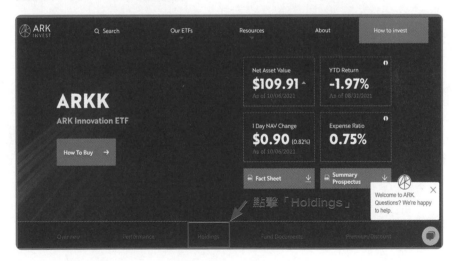

圖表 3-32　ARKK 前 10 大持股及其比重

Ticker	Name	Market Value	Weight (%)
TSLA	TESLA INC	$1,959,774,659.23	9.65%
TDOC	TELADOC HEALTH INC	$1,193,442,351.60	5.88%
ROKU	ROKU INC	$1,155,677,128.86	5.69%
COIN	COINBASE GLOBAL INC -CLASS A	$1,120,169,252.40	5.52%
U	UNITY SOFTWARE INC	$1,071,007,650.35	5.28%
ZM	ZOOM VIDEO COMMUNICATIONS-A	$888,086,771.18	4.38%
SQ	SQUARE INC - A	$833,590,941.80	4.11%
SPOT	SPOTIFY TECHNOLOGY SA	$786,032,010.90	3.87%
SHOP	SHOPIFY INC - CLASS A	$775,620,686.50	3.82%
TWLO	TWILIO INC - A	$667,227,116.71	3.29%

（圖中標示：更新日期、下載所有持股資料、個股代碼、持股比重）

前 10 大持股中，除了特斯拉（代碼：TSLA）為人熟知之外，許多人應該都不清楚其他幾檔的公司性質。這時候建議大家可上 MoneyDJ 理財網（https://www.moneydj.com/），點選首頁左邊**頻道**標籤下的**美股**，並在右邊的搜尋欄位輸入個股代碼（如 U），便可取得公司相關資訊（如下頁圖表 3-33）。除公司英文全名外，包含其市值、所屬產業，當然更重要的是獲取該公司業務、經營概述等。

真心佩服 ARK 團隊眼光獨到，不論是上市 20 年的中生代公司，如 ARKG 中的 PACB、ARKF 的 MELI，或 ARKW 中的 GBTC、ARKF 中的 SE 和 ADYEN、ARKK 與 ARKW 共同持有的 SQ 和 SHOP，這類上市 10 年左右的新生代公司，甚至是

ARKK 中的 U、ARKF 中的 OPEN 等上市僅一年多的新創公司，
都能因其爆發性報酬率（參見圖表 3-29、3-34、3-35、3-36），
使得 ARK ETF 擁有優異表現。

圖表 3-33　個股 U 公司基本資料查詢結果

英文名稱	Unity Software Inc.	交易代號	U
中文名稱		交易所	NYSE
地址	30 - 3rd Street,San Francisco,California 94103,United States Of America	公司網址	https://unity.com/
市值	38,442,305,494 (2021/10/07)	流通股數	282,518,597 (2021/06/30)
員工人數	4,001	股東人數	1,304 (2020/12/31)
所屬指數	羅素 1000 指數,羅素 3000 指數	所屬產業	應用軟體
經營概述	Unity Software Inc.(U.US)成立於 2004 年，總部位於美國加州舊金山，經營即時 3D 開發平台，其平台為手機、平板、電腦、控制台、擴增和虛擬實境裝置提供建立、運轉、營利互動式、即時 2D 和 3D 內容等軟體解決方案。公司直接透過其線上商店和現場銷售業務在北美洲、丹麥、芬蘭、英國、德國、日本、中國、新加坡及韓國提供其解決方案，並透過全球的獨立分銷商和經銷商間接提供解決方案。		
產業地位	3D 遊戲開發平台供應商		

資料來源：MoneyDJ。

針對感興趣的主題投資，在相關 ETF 的持股中，擇其所愛，進行基本了解後，入市操作。時至 2021/12/09 的今日，或因大盤走弱，或疫情緩和而經濟復甦，使得資金流向滾動，破壞性創新科技個股整體偏弱，包括遠距醫療 TDOC、第三方支付平臺 SHOP 及 SQ、遠距會議系統 ZM 等皆於低檔盤整。

　　但誠如破題所說，ARK 系列為破壞性創新科技，需要時間與空間進行發展，就如同特斯拉 TSLA 在 2003 年也令人質疑，而股價低檔盤整許久，如今卻一飛衝天！因此，若欲投資未來科技，仍需多點耐心，並做好資金控管與風險控制，才能讓自己在投資的路上，即便個股走弱，也能安心過日，也才能耐心等待股價翻倍再翻倍的豐厚獲利到來！

圖表 3-34　ARKK 及其前 10 大持股 1 年、3 年及 5 年年化報酬率

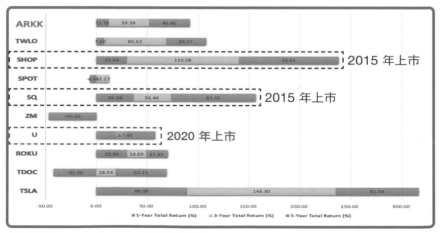

資料來源：Morningstar、筆者整理於 2021/10/08。

圖表 3-35　ARKW 及其前 10 大持股 1 年、3 年及 5 年年化
報酬率

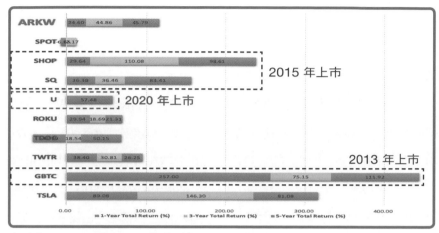

資料來源：Morningstar、筆者整理於 2021/10/08。

圖表 3-36　ARKF 及其前 10 大持股 1 年、3 年及 5 年年化報
酬率

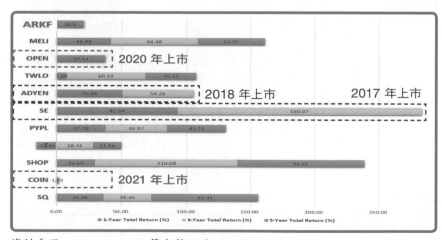

資料來源：Morningstar、筆者整理於 2021/10/08。

向股神巴菲特學價值投資

現今臺灣較為熱烈討論,坊間也有許多書籍都在討論的「價值投資」,就是來自於股神巴菲特。為什麼大家會這麼推崇巴菲特與價值投資?讓我們先來聊聊巴菲特。

巴菲特是一位年過 90 的偉大投資家,依靠投資成為世上數一數二的億萬富豪,其成立的波克夏公司在 1965 年至 2020 年間,歷經了 4 個熊市(包含 2020 年 COVID-19 造成的疫情股災),年報酬率仍可達 20%,同期間的 S&P 500 年報酬率僅 10.2%(參見圖表 3-37A),而波克夏整體總報酬率竟高達 28,000 倍(參見圖表 3-37B),非常驚人!且在 2000 年前波克

圖表 3-37　波克夏與 S&P 500 年化報酬率

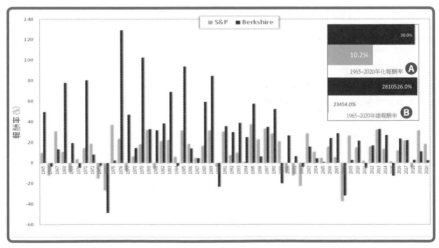

資料來源:Berkshire Hathaway 官網、筆者整理。

夏的年度報酬率皆優於大盤甚多。這便是巴菲特秉持的價值投資為人所津津樂道之處。

所以，什麼是價值投資？

價值投資法是一種著重於基本面分析的投資策略，與趨勢投資法（技術分析派）相對應。價值投資初始是尋找並投資於一些股價被低估、「價格低於價值」的股票，如低本益比（P／E）、低市場淨值率（P／B），但巴菲特的價值投資跳脫這些原則，開始專注在一些具有持久性競爭優勢的優質企業，**「以合理的價格買進很好的企業」**。

而所謂「具有持久性優勢」也就是日後投資界所說的「護城河」（一定程度的壟斷）。以巴菲特最愛的可口可樂為例，即使可樂口味都類似，但消費者普遍還是願意支付較高的價格來購買可口可樂。巴菲特價值投資法主要著重於以下幾點：

- 近年 ROE ＞市場平均值，且 5 年平均 ROE ＞ 15％。
- 年度毛利率＞產業平均值。
- 7 年內市值增加值／7 年內保留盈餘增加值＞1。
- （近年度自由現金流量／7 年前自由現金流量）－1≧1。
- 市值／10 年自由現金流量折現值＜1。
- 經營者的理性與對股東誠實坦白。
- **不投資自己不了解的公司。**

雖有這些法則，但真正要動手去找出這些優質、價格合理、適合買進的企業，對於平日時間相當匱乏的小資族如我，實在很有難度。

巴菲特亦師亦友的黃金拍檔——查理‧蒙格（Charles T. Munger）先生，也曾在 2021 年股東會上回應長期股東問題時給予的建議，便是「**持有波克夏股票（代碼：BRK.B）**」。因此，**透過巴菲特的波克夏公司，關注其持股，尋找有興趣的個股進場，也是一種參與價值投資的好方法。**

由第 130 頁圖表 3-37 會發現，在 2010 年後波克夏公司的年化報酬率與大盤 S&P 500 相近，甚至略差於大盤，這當中包含投資 IBM 造成大賠 34% 以上出場，因此後續幾年，巴菲特修正對科技股的看法，甚至重倉持有蘋果公司，如下頁圖表 3-38。

巴菲特於 2021 年股東會上曾說：「不認為蘋果估值瘋狂，2020 年賣出部分蘋果持股可能錯了。庫克（蘋果 CEO）是我們見過最棒的公司管理人。」

在回購自家股票後，波克夏持有蘋果的比例不降反增。對於巴菲特的價值投資法認為回購是非常負責的行為，將有利於現有股東，也因此可見蘋果占比 41%。

巴菲特曾在 1988 年致股東信中寫下經典語錄——「**若你不打算持有某檔股票達十年，那麼連十分鐘也不要持有；我最喜歡的持股時間是……永遠！**」其價值投資心法就是要長期持有，因此，圖表 3-38 的前 15 大持股，皆是成立超過 20 年的公司，甚

至持有達 10 年以上，其中可口可樂（代碼：KO）更是持有超過
30 年、美國運通（代碼：AXP，第三大持股）持有 20 年以上！

圖表 3-38　波克夏前 15 大持股及其占比

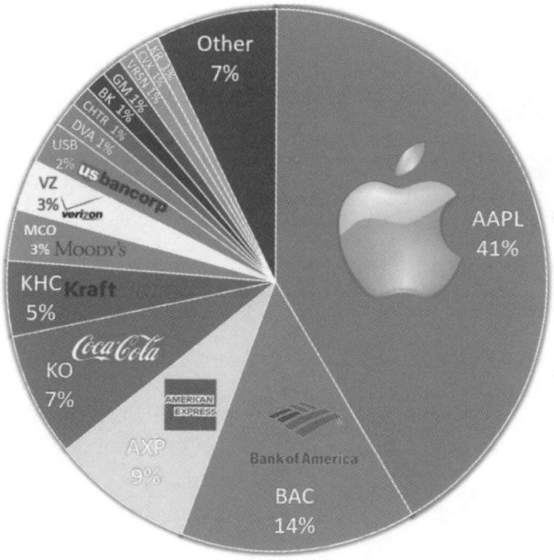

資料來源：財經M平方、筆者整理。

　　整理波克夏前 10 大持股，如下頁圖表 3-39 所示。除
AAPL、VZ 與 CHTR 持有時間較短，其餘皆持有 10 年以上。其
中，持有超過 20 年的美國運通（信用卡公司）、可口可樂以及
穆迪公司（代碼：MCO，為美國三大信貸評級機構之一）皆為
波克夏帶來了上千、甚至 3,153％ 的獲益。

　　其餘持有 10 年以上的公司，也都有超過 50％ 的獲利。而波
克夏本身 10 年的年化報酬率也近 15％，打敗大盤。

　　所以巴菲特在 1998 年一場研討會說：「**華爾街是靠不斷交**

圖表 3-39　波克夏及前 10 大持股相關資料

持有 比重	代碼	持有期 （年）	持有 成本	帳面 損益	個股年化報酬率		
					3 年	5 年	10 年
—	**BRK.B** （波克夏）	—	—	—	8.56	14.48	14.76
41.48%	AAPL （蘋果）	6	34.26	271.60%	37.46	38.74	27.38
14.22%	BAC （美國銀行）	11	14.17	195.48%	15.33	24	23.29
8.56%	**AXP** （美國運通）	**28**	8.49	**1731.92%**	18.98	24.26	15.77
7.39%	**KO** （可口可樂）	**33**	3.25	**1581.54%**	8.28	8.24	7.51
4.53%	KHC （卡夫亨氏）	10	30	46.23%	-9.85	-11.77	—*
3.05%	**MCO** （穆迪）	**21**	10.05	**3153.63%**	31.65	28	28.46
3.04%	VZ （威瑞森 通訊）	8	59.24	-4.14%	3.65	5.54	7.72
2.49%	USB （美國合眾 銀行）	15	38	56.92%	7.64	9.78	12.27
1.48%	DVA （德維特）	11	45	173.47%	15.6	12.29	13.89
1.28%	CHTR （Charter 通訊公司）	7	173.4	427.88%	30.16	21.47	29.91

* KHC 為兩家公司於 2015 年合併，故無法計算 10 年年化報酬率。

資料來源：截至 2021/10/08 網路資料、筆者整理。

易來賺錢，你則是靠不動如山去賺錢。」沒有時間看盤，想要仿效股神巴菲特的長期持有、價值投資，忽略股價的短期波段，不妨在波克夏持股中挑選所好，進場投資。

在這小節介紹了很多投資標的挑選法，不論是分散風險的 ETF 投資、爆發性的牛市女皇挑股法，抑或是長期持有的巴菲特價值投資法，都很適合普羅大眾。大家可針對喜好，挑選適合的個股，做好風險控管、資產分配，進場交易。

投資小學堂

根據美國證券交易委員會（Securities and Exchange Commission，簡稱 SEC）規定，資產管理規模超過 1 億美元的投資機構，需在每一季度結束後的 45 天內揭露所有股權資產的多頭部位（按：Long Position，投資者對股市看好，預計股價將會看漲，於是趁低價時買進股票，待股票上漲至某一價位時再賣出，以獲取差額收益），而 SEC 13F 持倉報告便是須提交的季度報告。

但真正的 SEC 13F 持倉報告如下頁圖表 3-40，如「阿嬤的裹腳布」──又臭又長，不太明瞭所有持股整體變化。

圖表 3-40　SEC 13F 持倉報告

Name of Issuer	CUSIP	Value (x$1000)	Shares	Investment Discretion	Voting Sole / Shared / None
LIBERTY LATIN AMERICA LTD [COM CL C]	G9001E128	10,452	1,284,020 SH	DFND	1284020 / 0 / 0
LIBERTY LATIN AMERICA LTD [COM CL C]	G9001E128	1,190	146,177 SH	DFND	146177 / 0 / 0
LIBERTY LATIN AMERICA LTD [COM CL A]	G9001E102	13,408	1,625,185 SH	DFND	1625185 / 0 / 0
STONECO LTD [COM CL A]	G85158106	749,279	14,166,748 SH	DFND	14166748 / 0 / 0
LIBERTY LATIN AMERICA LTD [COM CL A]	G9001E102	8,296	1,005,607 SH	DFND	1005607 / 0 / 0
LIBERTY GLOBAL PLC [SHS CL C]	G5480U120	150,870	7,346,968 SH	DFND	7346968 / 0 / 0
LIBERTY GLOBAL PLC [SHS CL A]	G5480U104	4,644	221,030 SH	DFND	221030 / 0 / 0
LIBERTY GLOBAL PLC	G5480U104	138,624	6,598,000 SH	DFND	6598000 / 0 / 0

資料來源：https://www.sec.gov/。

　　所幸，美股操作者都很樂於分享，除了有許多英文網站彙整最新季度的持倉比例，也很推薦中文網站——財經 M 平方（https://www.macromicro.me/）。

　　進入財經 M 平方後，點選「**全球觀測站**」，選擇最下方「**13F 機構持倉**」，再選擇「**波克夏・海瑟威**」，即可看到如下頁圖表 3-41 呈現。

　　在此可看到前 20 大持倉部位，也可選擇不同季度之結果。還貼心整理了持倉部位所占產業比重，我們可以一目瞭然目前股神所關注產業。不妨在此進行相關個股研究，挑選

好標的吧！

圖表 3-41　財經 M 平方波克夏 13F 機構持倉 Top 20

資料來源：財經 M 平方。

　　不知道你有沒有注意到，波克夏的股票分為 A 股（代碼：BRK.A）跟 B 股（代碼：BRK.B）？這兩種股票不只股價不同，投票的權利也不一樣。基本上我們提到買波克夏的股票時都是指 BRK.B 這個 B 股。

　　波克夏的 B 股市在 1996 年設立，因為當時波克夏的股價已經超過 29,000 美元，一般散戶不可能入手，只能透過大型的共同基金才能投資波克夏，所以巴菲特就將原始波克夏股份分割，重新發行，稱為 B 股，原始股票稱為 A 股。

A 股可以隨時轉換成 B 股，但 B 股不能轉換為 A 股，所以 B 股的股價不會超過 A 股（溢價）的 1／1,500。B 股的股東權利是 A 股的 1／1,500，投票權則是萬分之一。

3 基本技術分析，K 線入門

挑選了好標的之後，就準備大展身手進場交易了！雖然以巴菲特價值投資法——在合適的價格進場持有好企業；但，大家都希望能夠在最好的點進場、買在低點、在最漂亮的價格出場。因此技術分析在這個環節就扮演了很重要的角色。

相信許多人在技術分析領域上都和以前的我一樣，是一張白紙，因此本節將會從最基本的 K 線，由淺入深，慢慢堆疊至型態趨勢判斷的部分。

K 線是怎麼畫出來的？

不論是台股或是美股投資，一定都會聽到「K 線」這詞，K線的英文是 Candlestick，K 線圖（Candlestick chart）又稱為「蠟燭圖」，源於日本，因其細膩的標畫方式而被引進股市中，據傳發明者稱 K 線圖為「罫線」，發音為 keisen，故中文音譯為 K 線。

K 線是由四個價位來決定它的形成：開盤價（Open）、收盤價（Close）、最高價（High）、最低價（Low）。藉由一根

K 線可以了解當根 K 線的市場情緒。

又，由不同的時間記錄下的 K 線，常見可分為記錄 1 小時的小時 K 線、記錄 1 天的日 K 線、記錄 1 週的週 K 線，以及記錄 1 個月的月 K 線。

在圖表 3-42，左邊的通稱為**白 K，表示上漲的意思**。在白 K 線上可看到收盤價高於開盤價，而最高價又高於收盤價、最低價小於開盤價。

最高價與收盤價間形成的細線，稱之為上影線。反之，開盤價與最低價間的細線即為下影線。而黑 K 即表當根 K 線收跌之意，可見開盤價高於收盤價，最高價又高於開盤價。

但這樣的文字說明可能會有人搞混，因此我們來看圖表

圖表 3-42　K 線的介紹

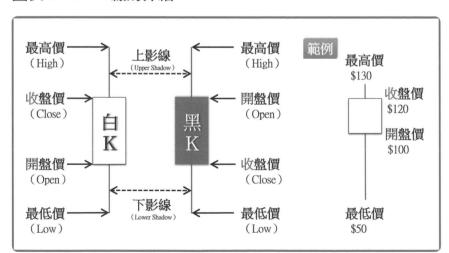

3-42 右邊的範例。假設為記錄當天價位的日 K 線，當天的開盤價是 $100，收盤價為 $120，表示當天市場是看漲的。又最低價遠小於開盤價，使 K 線帶有長長的下影線，表示當天市場有買方力道，雖一度來到最低價 $50，但一路被買上去，甚至最後收高。這便是 K 線的含義。

投資小學堂

　　在此要特別提醒臺灣的讀者，由於臺灣見紅為喜的習俗，所以在台股，紅綠與美股的 K 線顏色是相反的，紅色為漲、綠 K 是跌。在全球股市中，僅台股的 K 線顏色是相反的意思。

　　而一般紅綠線只是我們給的顏色區別，其實在技術分析上就是以白黑區別。故為了不想特別以紅綠 K 干擾讀者判斷，在此以白 K 線、黑 K 線稱呼。

常見的 K 線組合線型

　　在了解基本 K 線樣貌之後，接下來要介紹美股中的 K 線組合。也許你有時會在同事討論股市時聽到：「哇，今天收了一根錘子」，相信你一定滿心疑惑不解。因此，在這要為讀者們介紹

4 種常見的 K 線組合（參見圖表 3-43）及其所代表的含義。

圖表 3-43（A）為方才所提及的錘子，形狀就像是鐵鎚一樣，所以以之為名。英文全名為 Hammer，一般簡稱 HAM。**漂亮的 HAM 是實體（黑色方形）為下影線三分之一，但只要是 HAM，都是代表著有買方力道。**

圖表 3-43　常見 K 線種類組合

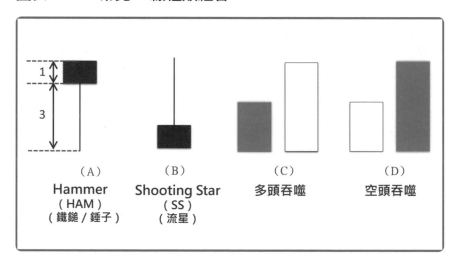

（A）	（B）	（C）	（D）
Hammer （HAM） （鐵鎚 / 錘子）	Shooting Star （SS） （流星）	多頭吞噬	空頭吞噬

誠如上述所說，下影線是最低價與開盤價（或收盤價）所形成的，表示當根曾經被賣到最低價，但後續有買方力道一直買上來。若下一根 K 線能突破 HAM 的最高價，將是市場看漲的訊號。以下頁圖表 3-44 為例，當下一根 K 線突破 HAM 最高價，後續有一波上漲趨勢發生。

圖表 3-44　HAM、SS 實際範例

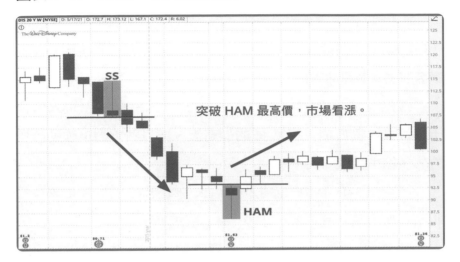

上頁圖表 3-43（B）為流星，一般簡稱 SS。**SS 的型態與 HAM 相反，是帶有長長上影線，上影線表示最高價與開盤價（或收盤價）形成的細線，也就是說曾經在最高價，但一路被賣下來，表示賣壓沉重。**

一旦跌破 SS 最低價，表示賣方勝於買方，有走弱的可能。但，若下一根 K 線突破 SS 最高價，則表多數買方仍看好、看漲，因此再一路買上去，以至於突破 SS，有上漲的機會。

如圖表 3-44 中的 SS，當下一根 K 跌破 SS 最低價，顯示賣方力道強勁，後續有一波走跌趨勢出現。附帶說明，HAM 或 SS 的關鍵不在於紅綠顏色，而是其 K 線的關鍵高低價，所以在此圖中以紅色表示。

第 142 頁的圖表 3-43（C）、（D）都是後一根 K 線整個覆蓋前一根 K 線，這樣的組合稱之為「吞噬」（Outside day）。而（C）為白 K 整個覆蓋、大於黑 K，這種組合稱之為多頭吞噬，顧名思義，就是看漲的一種 K 線組合。

　　雖然黑 K 收跌，不被看好，但下一根白 K 表示買入價位不斷提升，高於前一根黑 K 的最高價，顯見買方力道強勁於賣方，後續上漲機率高。

　　以圖表 3-45 為例，框起來的白 K 確實吞掉了小黑 K 許多，明顯表態上漲力道，因此可見一路上漲趨勢。

　　反之，（D）為黑 K 吞噬、覆蓋整個小白 K，表示賣壓沉重，看跌的人較多，尤其是當上漲好大一段之後出現這種空頭吞

圖表 3-45　多頭吞噬實際範例

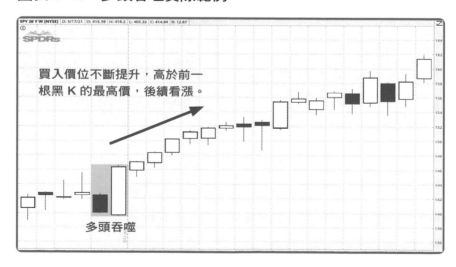

噬組合，就要多多注意，後續容易出現一波下跌趨勢，如圖表
3-46。

圖表 3-46　空頭吞噬實際範例

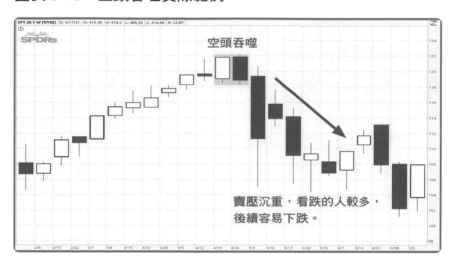

「支撐」與「壓力」怎麼看？

說完了 K 線和組合，接下來要介紹很重要的觀念——「支撐」與「壓力」。

在生活中每個人都會有壓力，請試著把壓力想像成天花板，如果要衝破天花板，需要累積能量，不斷的測試。而一旦突破壓力、突破天花板，彷彿沒有阻礙，迎接而來的就是光明順遂。

在股市中，趨勢就跟生活一樣，也會有所謂的「壓力」（或

稱阻力），就像前述提到的「賣壓」一詞。**當某一檔個股只要向上碰到壓力就被賣下來，不斷的測試壓力，測試它的天花板。一旦衝破壓力，就有一波明顯的上漲趨勢。**

比如下圖表 3-47，ARKK 在大約 $50 的價位形成了一個壓力（紅線處），只要到 $50 就被壓下來；在壓力下盤整收縮，累積能量後，再進行測試；就這樣經過三次的測試（圖上箭頭所指處），第四次終於突破壓力（圈圈處），隨之而來的就是一波上漲趨勢。

另外，提醒讀者，通常我們在這裡所說的「壓力」或「支撐」都是指一個區域，比如 $50 左右的壓力區，而不會特別說一個很精準的價位，比如 $50.75 這樣的壓力價位。

圖表 3-47　壓力突破範例

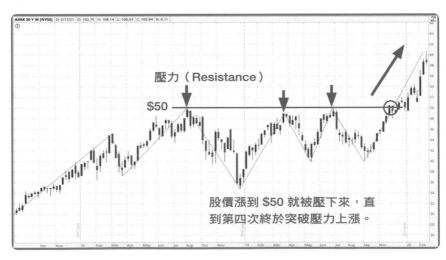

　　如果我們把「壓力」想像成天花板，那麼「支撐」就是所謂的地板了！試想，如果今天怎麼踩都踩不破 5 樓的地板，不斷累積能量後，終於把地板踩破了，就會有一股下跌的力量，這便是「支撐」。

　　把這觀念運用在股市上，以圖表 3-48 為例，每當賣方一直嘗試在 $320（紅線價位）加大賣壓，但只要碰到支撐 $320 區域就反彈，反彈後累積能量，再度測試。

　　就這樣測試了一次、兩次、三次（箭頭所指處），終於在第四次確實跌破了這個支撐區（圈圈處），就好像踩破了地板，彷彿掉入懸崖般，一路走跌。

　　誠如方才所說，一旦衝破壓力，就有一波上漲趨勢；一旦跌

圖表 3-48　支撐跌破範例

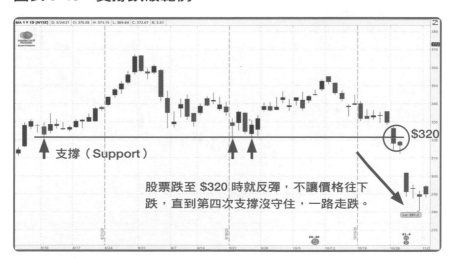

破支撐，就容易往下走跌。但，相反的、也是很重要的一點，**如果今天怎麼樣都無法衝破壓力，就容易形成另一波跌勢。同理，使盡辦法都無法跌破支撐，上漲機率就提升。**

如圖表 3-49，在支撐 $290 測試了四、五次卻無法跌破，於是累積能量後，反彈突破了壓力（圈圈處），形成新一波的上漲趨勢。

在技術分析中，**將這種突破壓力或跌破支撐而形成的趨勢，稱之為「表態」**，意即股市已經給予訊號，表明市場先生想要走的趨勢，這對於操作獲利是極為重要的一環。

圖表 3-49　支撐與壓力表態後的趨勢

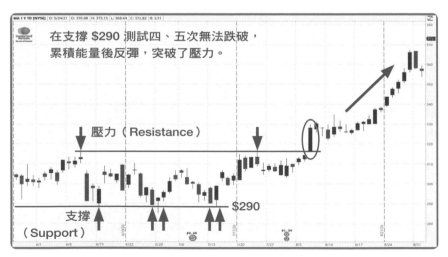

獲利 3% 型態大公開

不知讀者是否記得，在第 102 頁介紹 FINVIZ 資料庫時，曾提到篩選器中技術分析的「Pattern」選項，在那章節提及**筆者偏好的幾個型態推薦，包括三角收縮、雙重頂／底、多重頂／底、頭肩頂／底**，不妨往前翻閱第 111 頁圖表 3-19 的說明。礙於篇章有限，所以選擇三角收縮及雙重頂／底來舉例說明。

首先在圖表 3-50 可以看到，K 線在一個壓力區以及逐漸向上的趨勢線形成的三角形區域中，進行震盪收縮。圖中逐漸向上的趨勢線也稱為支撐線，因為每當碰到就反彈而未跌破，形同支撐。就這樣，K 線向上不斷測試壓力區，向下不斷測試支撐線，

圖表 3-50　上升三角收縮（Triangle Ascending）突破

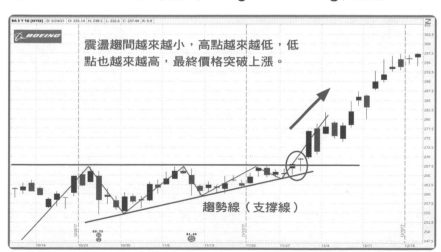

一旦突破，便可產生一波明顯漲勢，這樣的型態稱為上升三角突破（Triangle Ascending Break-out）。

同理，如圖表 3-51，K 線皆在一逐漸向下的趨勢線（又稱為壓力線）與支撐區形成的三角區域內進行盤整，一旦跌破，表示賣方力道湧現，如同先前所說的跌破支撐、掉入懸崖般，股價一瀉千里！這便是所謂的下降三角跌破（Triangle Descending Break-out）。

圖表 3-51　下降三角收縮（Triangle Descending）跌破

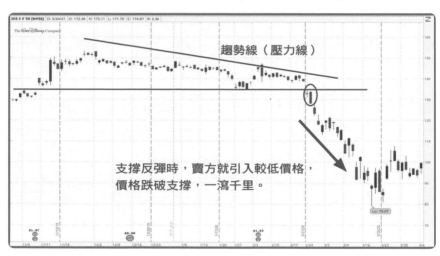

緊接著介紹「雙重底」（Double Bottom）（參見下頁圖表 3-52），因為這型態看起來就像是英文字母「W」，因此又稱為 W 底突破。

圖表 3-52　雙重底（Double Bottom）突破

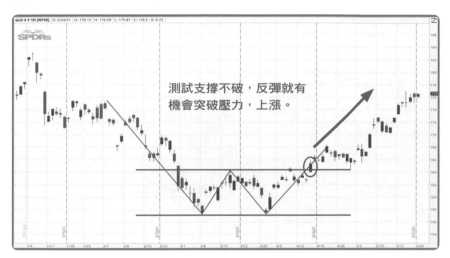

通常發生在拉回築底，一般會測試支撐 2 次，形成底部，如我們先前說過，測試支撐不破，反彈就有機會突破壓力，所以當 W 底突破壓力，就有一波買方力道促使股價上漲。

理解了何謂雙重底，雙重頂（Double Top）便不難了解。如果雙重底是 W 底突破，那雙重頂也有別稱──「M 頭跌破」，其別名也是來自型態如英文字母的「M」。

前述雙重底是測試底部支撐 2 次，而雙重頂便是測試頂部壓力 2 次，測試無力突破，轉而走跌，進而跌破 M 頭支撐，如同下頁圖表 3-53，而後賣壓沉重，致使一路走跌。所以若是持有這樣的個股，記得在跌破 M 頭支撐前要先止血出場啊！

圖表 3-53　雙重頂（Double Top）跌破

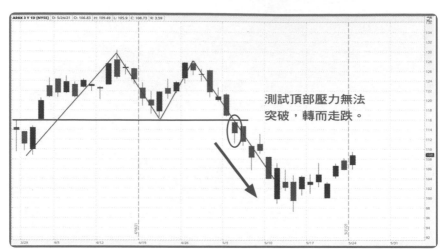

測試頂部壓力無法
突破，轉而走跌。

價量與型態是你的好朋友

　　撰寫本書至此，甚至在這個篇章講解了技術分析，不知讀者是否覺得疑惑：為何技術分析的章節，卻沒有提及臺灣投資人很在意的技術指標，如台股投資人常用的均線（Moving average）、KD 指標或是 RSI、布林通道、MACD 等？

　　先來解釋所謂技術指標，其實都是經由許多定義與公式，計算價格或成交量所得的數據分析，比如最簡單的均線，就是利用特定數量的 K 線進行移動平均計算得來，所以**技術指標又稱「落後指標」**。

　　相對的，進行落後指標計算所使用的**「價格」、「成交**

量」，便是所謂的「領先指標」，都是直接呈現在 K 線圖上。

　　技術指標都有適用範圍與條件，立意良好，是為了幫助投資人於投資操作輔助參考，而非盲目的、絕對的相信。然而許多投資人卻過分依賴技術指標，過度使用許多的技術指標，而造成短進短出、小賺大賠的狀況。

　　偶爾我也會參考一些技術指標，如均線，但不過分依賴，因為在投資這條路上，**「價量」**才是你真正的好朋友！價格形成的 K 線、K 線形成的**「型態」**才是真正獲利的關鍵。

　　所以想提醒如我一般身為小資族的投資者，盡信書不如無書，盡信技術指標不如相信型態。**「投資要獲利不需要是天才或是懂得很複雜的數學公式，你所需要的就是專注在一個簡單的規則」**，專注型態，尋找適合進場的合理型態，找到自己最舒服、最適合的操作，和市場先生做好朋友，才能在這條投資的道路上走得長久！

📊🔍 投資小學堂

✓ MACD：Moving Average Convergence Divergence，指數平滑異同移動平均線。是用來判斷買賣股票的時機與訊號。

Chapter 4

定時定額加上複利效應，
你也可以財富自由

透過定期投資指數基金，那些門外漢投資者都可以獲得超
過多數專業投資大師的績效！

——華倫・巴菲特

1 定期定額規律投資，加速被動收入高於你的工資

不知道你是否聽過「FIRE」運動？FIRE 不是 Fire 老闆，FIRE 是「Financial Independence, Retire Early」，意即**「財務自由、提早退休」**。根據統計，想要達到財務自由與提早退休最大根因，並非是「不用工作」，而是財務安心、可以做自己想做的事、有更多時間給予家人、朋友，最根本的精神是「贏得快樂與時間」。

有些人想要環遊世界，所以想提早 Fire 老闆、Fire 工作（辭職）；有些人很有愛的想為了流浪動物發聲、成立流浪動物之家，所以想要有一大筆資金。有些人，如我，希望能陪著小孩成長，為了家人，可以及早財務自由，不再為老闆工作！但，錢從哪裡來？

自 2020 年 3 月開始，COVID-19 疫情爆發以來，許多國家封城鎖國，公司企業紛紛採取遠距上班策略，百業蕭條，失業率大增。2021 年臺灣疫情大爆發，封城式的慘業齊發。

各國各式的紓困方案興起，總能聽到身邊領死薪水的小資朋友們擔心公司撐不下去而裁員、抱怨著「萬物皆漲、惟獨薪水

不漲」的窘境，似乎與 FIRE 漸行漸遠。而待在家裡遠距上班的我，雖仍在 FIRE 路上努力著，但感恩自己和家人們健康無虞，感謝多了許多時間陪伴我的寶貝們，更謝謝自己當初願意投資自己，能在現今月月 3% 現金流，而不需擔憂生活困頓。

該如何讓小資金也能創造大獲利，打造月月 3% 現金流的印鈔機？除了前述章節──挑選好標的之外，其投資心法、財商建立更為重要！現在請跟著本書一起行動吧！**翻轉大腦思維，加入 FIRE 運動，讓自己獲得更多的快樂與時間吧！**

翻轉大腦思維，學習富人現金流

巴菲特說：「如果你問我成功在什麼地方，那麼我會回答你：『我從不讓個人感情影響我對市場的判斷。』」

巴菲特還說：「利用市場的愚蠢，進行有規律的投資。」

常言道：「一個人最大的敵人是自己」，在投資上也是。雖然巴菲特經典名言「別人恐懼、我貪婪」，但真實狀況是，當進入市場投資，總會出現跌下去不敢買、漲上去也不敢買的狀況，這時要如何向巴菲特學習？而**要避免個人情緒影響判斷，最好的方法就是「有規律的投資」，也就是「定期定額」。**

但何謂定期定額？簡而言之就是**在固定的時間投入固定的金額，「有紀律」的進行投資**這件事。對於領取工資收入的小資族，若**每個月能存下薪資 10%～30%**，以房租的概念，當作投

資稅，在每月固定時間投入繳出，積少成多、聚沙成塔，在未來便能看到成果豐碩的獲利！

這十幾年來，各大媒體平臺等都會出現許多銀行、基金在推廣「定期定額投資」，那麼，定期定額的好處是什麼？

- 可戰勝自己的個人情緒影響對於市場判斷。
- 可以長期投資好標的而不需費時研究、頻繁選股進出場，真正達到懶人投資。
- 投資金額對於小資族來說容易負擔。
- 因為定期定額有平均成本，能獲取合理報酬。

根據下頁圖表 4-1，統計區間為 2016 年 1 月至 2021 年 7 月。假設每月存下 500 美元，每季投入 1,500 美元買 SPY。雖於 2018 年 12 月與 2020 年 3 月各有一波跌勢，但因為定期定額持續買入，不會有拉回走跌而不敢進場的情緒作祟，進而不斷降低平均成本；也不會出現 SPY 漲翻天致使買不下手的狀況，且另一個定期定額的好處顯現——將進場點的影響降低許多。

透過 MoneyDJ 網站投報率試算功能，假設長期投資 SPY，計算 20 年區間，自 2001 年 10 月開始，每月固定投入薪資 30%、約 500 美元（設定頁面如下頁圖表 4-2），一直到 2021 年 9 月 30 日，其結果如第 160 頁圖表 4-3。

單看結果數值可能還是無法顯現定期定額帶來的效應，因此

圖表 4-1 SPY 月線圖與定期定額平均成本比較

圖表 4-2 MoneyDJ 定期定額試算條件設定頁面

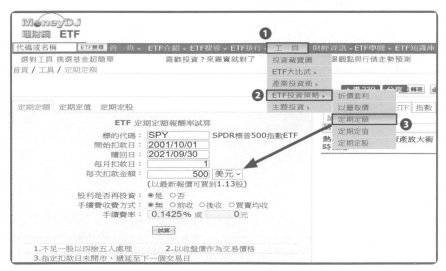

資料來源:https://www.moneydj.com/etf/x/Tool/Tool0001.xdjhtm。

圖表 4-3　定期定額試算結果

ETF 定期定額報酬率試算結果	
投資標的：	SPY
每月投資金額：	500 美元
投資時間：	2001/10/01 - 2021/09/30
累積投資金額：	120,000 美元
股利金額：	38,633 美元
總持有股數：	807.7864 股
手續費支出：	0 美元
總投資成本：	120,000 美元
資產終值：	346,653 美元
損益金額：	226,654 美元
總報酬率：	221.07%
年化報酬率：	6.00%

圖表 4-4　定期定額與單筆投資差異比較

SPY	定期定額（美元）	單筆投資
每月投資金額	500	0
累積投資金額	120,000	120,000
資產終值	346,653	568,143
獲利金額	226,654	448,143
年化報酬率	6.00%	8.08%

資料來源：MoneyDJ、筆者整理。資料區間：2001/10/01～2021/09/30。

另將定期定額與單筆投資相比較，整理如上頁圖表 4-4。20 年後定期定額獲利金額與年化報酬率，雖不如單筆投資結果有佷大差異，但最終獲利金額仍能使投入資金有翻倍以上的成長。

更何況對於小資族的我們來說，要一次拿出 12 萬美元，以匯率 30 元計算，相當於新臺幣 360 萬元，實在頗有難度。若能以儲蓄概念，將每月薪資撥款 10%～30% 進入另一個帳戶，當作每個月繳房租的概念，養大屬於自己的金雞母，持之以恆，在 20 年後假設每年從帳戶提領獲利的 15%，換算下來一個月可有新臺幣將近 85,000 元的生活費（如公式 4-1），高於平均工資收入，進而達到 FIRE 目標，不再為老闆工作！

公式 4-1　20 年後月現金流計算

$$\frac{獲利金額 \times 每年提領\ 15\%\ 獲利 \times 匯率}{12（換算為每月現金流）}$$

$$= \frac{226,654 \times 15\% \times 30}{12}$$

$$= 84,995\ 元／月$$

有人會說，20 年後才能翻倍，好少啊！但 20 年什麼都不做，時間也是這樣流逝了。而每個月定期定額，當成未來稅投入，能創造出抗通膨（通膨率約 3%）的獲利，又可在 20 年後

每月享有 85,000 元生活費，何不就此行動呢？

　　大部分的人在一開始「儲蓄」的時候，就失敗的最主要原因是，希望在月底才把剩下的錢存起來，其實這是不對的！

　　根據饒富盛名的《富爸爸，窮爸爸》（*Rich Dad, Poor Dad*）系列書籍中所提到如圖表 4-5 觀點，富人都是**先將收入扣除儲蓄或是將收入先投入資產中，剩餘的部分才是可動用支出**。一般小資族，屬中產階級，往往都是先將收入扣除負債，再扣除支出，若有剩餘才是進入投資，但剩餘多趨近於 0，成為月光族。

圖表 4-5　翻轉大腦的思維——學習富人現金流

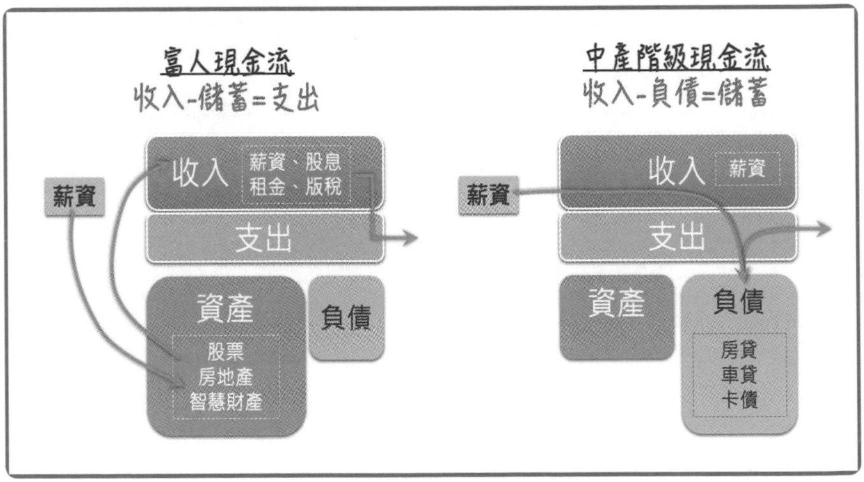

　　讓我們換個角度想，我們都會在生活中付錢給別人，比如買便當付錢給便當店老闆、支付房貸利息時付錢給銀行、剪頭髮時

付錢給美髮師，但，我們從來都沒有付錢給自己！所以，從現在起，建議每月預付薪資的 10%～30% 到另一個「資產」帳戶，作為投資未來的租金，妥善利用這份預付額達到財務自由。

近期《致富心態》（*The Psychology of Money*）一書講述一個平凡警衛成為百萬富翁的真實分享，這位平凡警衛羅納・詹姆士・瑞德（Ronald James Read）先生省吃儉用，把錢投資在績優股上，並耐心等待數十年，「重複執行最簡單的致富方式」，讓他滾出超過 800 萬美元的淨資產。

很多人總在尋求投資獲利的聖杯，但**投資獲利不需要是天才或懂得很複雜的數學公式，只需要專注在一個簡單的規則上面，簡單的事重複做**，讓自己每月存一筆資金，定期定額投入在好資產上，耐心等待、長期投資，就能表現得比市場更好，就有機會打敗大盤！

2 世界第八大奇蹟
——複利效應

　　偉大的科學家愛因斯坦（Albert Einstein）說：「複利效應是世界第八大奇蹟，其威力比原子彈更大。」

　　巴菲特曾在 2006 年的捐贈誓言說到：「我的財富主要來自於以下 3 個因素的組合——生於美國、一些幸運的基因和**複利**的力量。」巴菲特為人所樂道的「雪球」理論，便是在推廣複利效應。他說：「就像滾雪球，要有夠溼的雪、夠長的坡道，雪球就會越滾越大。」一語道盡投資的本質。

　　開始投資，首先當然要有一筆資金（小雪球）。夠溼的雪意指「投資報酬率」，若能提高投資報酬率，將可讓資金翻倍速率加快，使小雪球逐漸變大。而夠長的坡道指的就是「時間」，一則意謂活得夠久，更重要的是要提醒大家「及早投資」，唯有及早投資，才能及早享受複利帶來獲利翻倍的美好。因為投資報酬率加上時間創造的複利效應，足以讓雪球越滾越大，創造出驚人獲利，正如巴菲特因複利的力量，使其一生 99% 的財富於 50 歲以後獲得。

　　但相信大家還是不懂複利效應的驚人之處，**所謂的複利效**

應，是將投入資金所創造的獲利再持續投入，就是富人最愛的錢滾錢、以錢養錢的方式。而相對的，單利相當於銀行定存的方式，固定配息，卻不會再將配息丟入投資撲滿中，養大獲利。

　　圖表 4-6 為單利與複利比較，在此，單利與複利的設定條件皆相同，本金與年利率相同。很明顯的，當時間拉長，複利的獲利遠高於單利，成長速度在 10 年後翻倍，單利與複利的好壞高下立分。

　　複利效應中的獲利，不僅可來自價差獲利，也來自於股息。讓我們用數據來說話，首先介紹一個好用的小工具——複利計算機（網址如下頁圖表 4-7 資料來源），將設定條件輸入如下頁圖表 4-7。以第 98 頁圖表 3-8 之 SPY 10 年年化投報率為 14.38%，

圖表 4-6　單利與複利獲利比較

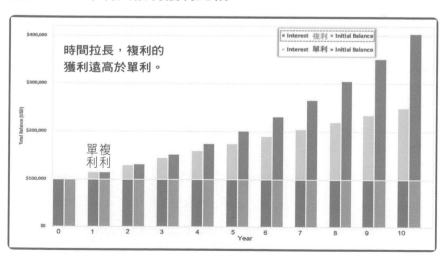

另以 SPY 年配息 5.56 美元、2021/10/08 股價均價為 437.86 美元，計算年化殖利率為利息÷股價＝5.56÷437.86＝1.27％，合併投報率超過 15.65％（1.27％＋14.38％）。

假設以 SPY 10 年年化投報率 15％，每季投入 1,500 美元，共投資 20 年，計算後之結果如下頁圖表 4-8。

圖表 4-7　複利計算機

資料來源：https://www.thecalculatorsite.com/finance/calculators/compoundinterestcalculator.php。

圖表 4-8　年化報酬率 15%、每季投入 1,500 美元複利計算結果

年	投入資金	利息	總投入資金	總利息	整體收益
0	$0.00	—	$0.00	—	$0.00
1	$6,000.00	$337.50	$6,000.00	$337.50	$6,337.50
2	$6,000.00	$1,288.13	$12,000.00	$1,625.63	$13,625.63
3	$6,000.00	$2,381.34	$18,000.00	$4,006.97	$22,006.97
4	$6,000.00	$3,638.55	$24,000.00	$7,645.51	$31,645.51
5	$6,000.00	$5,084.33	$30,000.00	$12,729.84	$42,729.84
6	$6,000.00	$6,746.98	$36,000.00	$19,476.82	$55,476.82
7	$6,000.00	$8,659.02	$42,000.00	$28,135.84	$70,135.84
8	$6,000.00	$10,857.88	$48,000.00	$38,993.72	$86,993.72
9	$6,000.00	$13,386.56	$54,000.00	$52,380.27	$106,380.27
10	**$6,000.00**	**$16,294.54**	**$60,000.00**	**$68,674.81**	**$128,674.81**
11	$6,000.00	$19,638.72	$66,000.00	$88,313.54	$154,313.54
12	$6,000.00	$23,484.53	$72,000.00	$111,798.07	$183,798.07
13	$6,000.00	$27,907.21	$78,000.00	$139,705.28	$217,705.28
14	$6,000.00	$32,993.29	$84,000.00	$172,698.57	$256,698.57
15	**$6,000.00**	**$38,842.29**	**$90,000.00**	**$211,540.85**	**$301,540.85**
16	$6,000.00	$45,568.63	$96,000.00	$257,109.48	$353,109.48
17	$6,000.00	$53,303.92	$102,000.00	$310,413.40	$412,413.40
18	$6,000.00	$62,199.51	$108,000.00	$372,612.91	$480,612.91
19	$6,000.00	$72,429.44	$114,000.00	$445,042.35	$559,042.35
20	$6,000.00	$84,193.85	$120,000.00	$529,236.20	$649,236.20

單位：美元。

數據相當繁瑣，難以明確顯見，因此將之繪製成圖，能更清楚感受複利威力，如下圖表 4-9。

圖表 4-9　20 年複利結果趨勢圖

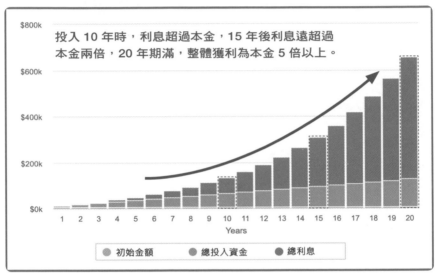

由圖表 4-8 與圖表 4-9 皆可看到投入 10 年、15 年、20 年的整體獲利並非對等增加，而是呈現倍數增加。投入 10 年時，利息已超過本金；15 年後利息是遠超過本金的 2 倍之多，且不需再一個 10 年、僅需再 5 年，便可讓整體收益勝於 10 年期收益再翻倍；而 20 年期滿，整體收益更是達本金 5 倍以上。

這麼說可能還是無感，讓我們換一種方式呈現複利的優點。以如同第 161 頁定期定額的月現金流計算方式（公式 4-1），其

結果如圖表 4-10。

圖表 4-10　10 年、15 年、20 年之複利結果換算月現金流

年	整體獲利（USD）	每年領取 15%（USD）	月現金流（NTD）
10	128,475.36	19,271.30	48,178
15	301,073.44	45,161.02	112,902
20	648,229.84	97,234.48	243,086

　　若及早投資，並每季投入約 1,500 美元（相當於一個月投入新臺幣 15,000 元）於年化報酬率可達 15％ 的好資產上，10 年後便可月月領取將近新臺幣 5 萬元的現金流，這已是一個科技業工程師的月薪。

　　當持續投入 15 年、20 年後，換算後年薪破百，可領到的月現金流達 10 萬元以上，相當於雙薪家庭的月薪總和。這便是複利效應驚人之處。

　　對於月薪僅三萬多元的小資朋友們來說，若月儲蓄新臺幣 1.5 萬元已是一半薪資，生活壓力相對大，因此為了讓投資這件事也可以很舒服，**建議至少月存新臺幣 1 萬元、季投入 1,000 美元。**

　　以複利計算機所得的整體獲利，代入現金流計算後可得圖表

4-11。

　　由表中數據可見在每月投入薪資的三分之一，投入 10 年後，不論是季投入 1,500 美元或 1,000 美元，月現金流已相當於是初始投入薪資。15 年、20 年後便可享受被動收入帶來的好處，就算不工作也能月月現金流，而能達到 FIRE 精神——財務自由、贏得快樂和時間。

圖表 4-11　季投入 1,500 美元、1,000 美元的複利結果比較

定期定額	1,500 美元／季		1,000 美元／季	
年	整體獲利 （USD）	月現金流 （NTD）	整體獲利 （USD）	月現金流 （NTD）
10	128,475.36	48,178	85,650.24	32,118
15	301,073.44	112,902	200,715.63	75,268
20	648,229.84	243,086	432,153.23	162,057

　　猶記得第一次向我家小孩提及複利效應，並將之呈現給他們看，他們的眼睛都為之一亮。當我以每年過年紅包及平時省下的零用錢，約新臺幣 1 萬元存入美股帳戶中，同樣以報酬率 15％計算，10 年後等他們滿 18 歲開始，便能每個月多 3,000 元零用錢（如下頁圖表 4-12），若是持續不斷的做，等到 22 年後、30 歲了，就能每個月有近 2 萬元的現金流，生活可以更輕鬆。

圖表 4-12　10 年、22 年、32 年之複利結果換算月現金流

設定條件	以新臺幣 1 萬元為初始資金，投入年化報酬率 15% 商品每年定期定額再投入新臺幣 1 萬元（初始投入年齡：8 歲）			
年	年齡	整體獲利（NTD）	每年領取 15%	月現金流（NTD）
10	18	$243,492	$36,524	$3,044
22	30	$1,592,763	$238,914	$19,910
32	40	$6,646,655	$996,998	**$83,083**

　　簡單的事重複做，持續加強複利效應，等到 40 歲了，竟能月領八萬多，只因從年幼開始投資，便能在 40 歲達財務自由狀態。應驗了巴菲特的雪球效應：「夠溼的雪、夠長的坡道，雪球就會越滾越大」。也因此小孩都開始努力存下零用錢，希望能在年底多一分資金投入，養大屬於他們的金流撲滿。

　　如果說「**定期定額**」，就是「**簡單的事重複做**」，那麼**複利效應**說穿了，就是「**加強好事重複發生的機率**」，複利的本質其實是：因為 A 導致 B，而 B 又會加強 A。正如滾雪球，雪球上黏的雪越來越多，雪球就變得越來越大，然後又可以黏上更多的雪，不斷的重複發生，雪球就會大到不可思議。

　　正如財富累積，藉由不斷循環的將獲利再投資，進而加強獲利。雖然初始的複利效應微小，但透過長期投資、及早投資，透

過好事重複發生，使得富者越富、資產越滾越大。

　　不論投報率高低，只要願意去做，就能透過時間累積財富。一次賺 100 萬元不容易，但一次賺 1,000 元、1 萬元機率相對高，透過一次 1 萬的累積，累積到了 100 次，也有 100 萬。所以現在請開始滾動你人生中的雪球，朝著財務自由的目標前進吧！

3 打折買股票，無息送現金

　　本書的中心思想、時刻強調的主題以「現金流」3 字貫穿，是希望資金如活水般流動、源源不絕。不單創造獲利，還希望能將獲利再投資、利滾利，持續增加現金流。

　　其實，增加現金流還有一個小祕密。相信許多人都對衍生性金融商品一知半解、甚至不解，雖然巴菲特曾說「衍生性金融商品是大規模殺傷性金融武器」，但實際上巴菲特仍會進行衍生性金融商品——選擇權（或稱期權）交易。

　　各位一定好奇巴菲特交易選擇權為何，及他交易什麼樣的選擇權？接著先來舉兩個實務案例。首先節錄巴菲特曾在 2010 年致股東信中提到的內容：

　　在 2004 到 2008 年間，我們開始售出 4 種廣泛股指（S&P 500、FTSE、Euro Stoxx、Nikkei 225）的長期 15 年看跌期權（Put option），收到了 45 億美元保費；……在 2010 年末，解除了 8 份合約，當初這些合約收了 6.47 億美元保費，解約要求支付 4.25 億美元，因此實現了 6.47－4.25＝2.22 億美元的收益，

並且獲得了免息，及三年來**不受限的使用這 6.47 億美元**。

如同保險公司先收到保費，然後再支付理賠。……這種先收後付的模式讓我們持有大筆資金——我們稱之為「浮動」的資金——這些錢最終會流向其他人。

這就是巴菲特喜歡出售看跌期權的原因——出售保險。**當購買看跌期權，等同為股票買保險，而透過賣出看跌期權，便是賣出保險、收取保費，進行再投資，創造獲利。**

📊 投資小學堂

✓ 選擇權：Options，簡稱 OP，又稱為期權，它是一種金融衍生工具。當標的資產價格在設定時間段內超過約定的價格時，期權持有方擁有要求賣方按照約定價格買賣資產的權利。

✓ 看跌期權（Put option）：指期權的購買者擁有在期權合約有效期內，按執行價格賣出一定數量標的物的權利。

另一個實務案例如下：

1993 年 4 月，巴菲特想要購買可口可樂（代碼：KO）的股

票，而當時 KO 市價為每股 39 美元。但據巴菲特分析，只願以低於市場價格約 10%、相當於以每股 35 美元買入 500 萬股。

因此以他想支付的價格賣出 8 個月到期的看跌期權，並收到美股 1.5 美元的權利金，在等待價格調整的同時賺取了近 750 萬美元的收入。

他創造了以 35 美元購買 500 萬股的義務，如果巴菲特被迫以 35 美元的價格購買 KO，考慮到收取的權利金，他的成本實際上每股僅 35 － 1.5 ＝ 33.5 美元。

看到這裡，一定有許多讀者看不懂什麼是「看跌期權」？當然更不懂所謂的「保費」或「權利金」。因此接下來，將要解開大家的困惑，解開這團選擇權迷霧，帶領大家一步步創造更多的現金流。

正如巴菲特所提及的保險與保費的契約概念，期權就是一種契約。以生活中的保險來說，我們向保險公司買一份保險，我們就是買方、而保險公司就是賣方，這份保險一定會有其內容，包括險種（如醫療險、儲蓄險等）、期限（如一年一期醫療險、六年儲蓄險）以及保費。對應於期權，簡化如下頁圖表 4-13。

賣方就是收錢的那一方，以保險為例，保險公司是賣方，販賣一年一期的保額 50 萬醫療險，因此向被保險人收取保費；而巴菲特於 KO 售出 8 個月的 35 美元看跌期權，因此可收取權利金。正如同保險公司將收取的保費轉投資於其他資產或金融商品

上，巴菲特亦將其售出看跌期權收取得來的權利金再投入股市、
免費買股票，創造獲利。

圖表 4-13　看跌期權對應於保險的理解方式

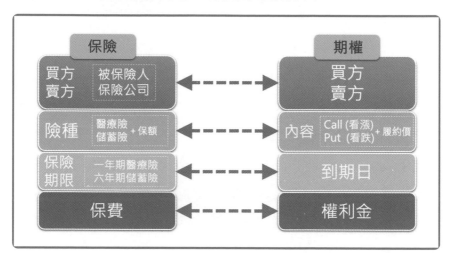

讓我們以下頁圖表 4-14 更進一步說明，如果一年期間未有
醫療行為理賠，則保費不退還；如有醫療行為，則保險公司理賠
50 萬。而對於看跌期權，則為以下兩種狀況：

1. 若 8 個月期滿未有股價拉回至履約價位 35 美元，則巴菲
特可全收這筆權利金 1.5 美元。

2. 若 8 個月期滿低於履約價，便須以 35 美元買入 KO。這
對巴菲特來說是雙贏，既可以將收進來的權利金再投資，也可享

有以低於市價 10％、甚至更優惠的價格買進股票的機會，是一種創造現金流又可以打折買股票的方式（參見下頁公式 4-2），所以巴菲特數十年來僅操作這一種期權策略。

圖表 4-14　圖解看跌期權與保險

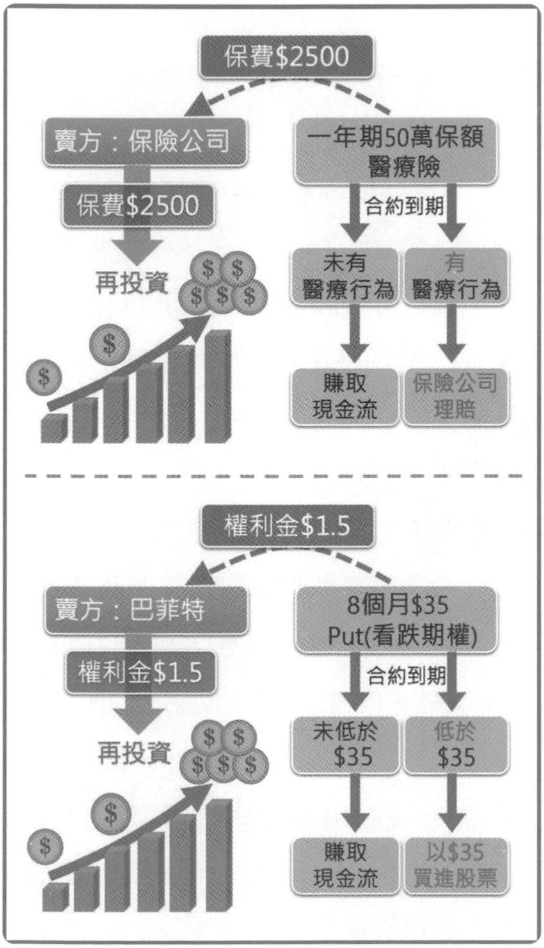

公式 4-2　打折買股票計算方式

$$\frac{履約價-權利金}{市價} = \frac{35-1.5}{39} = 0.86,$$

等同於以 86 折買進一張 KO 股票。

　　除了透過賣出看跌期權來打折買股票並創造現金流之外，另一種增加現金流的方式也很適合小資族參考。在期權內容中，我們都談論看跌期權——Put，其實期權尚有另一種契約內容，正所謂有看跌就有看漲，因此另一種便是 Call ——看漲期權。

　　前述看跌期權是以保險、以打折買股票的方式說明，在看漲期權方面，讓我們換一種比較好理解的方式來為讀者建立基本觀念。所謂看漲期權，相當於出租股票的概念，所以與包租公、房屋出租的理論相似，對比兩者如下頁圖表 4-15。

　　在租屋契約上，租客都是買方，而賣方就是房東。契約中，都會載明承租的套房或公寓，並有租屋期限，可能是月租或一年租期；也會有收受的租金內容。同樣對應於看漲期權，也有買賣雙方，契約內容於此為看漲期權，同樣註明到期日及可收受權利金。

　　在此，請記得很重要的事，簽訂租屋契約的賣方必須持有「一間套房／公寓」才能進行房屋租賃，同樣的，**看漲期權的賣方也須持有「一張股票」才能出租股票**。

圖表 4-15　看漲期權對應於租屋的理解方式

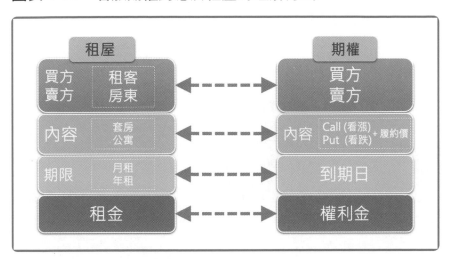

讓我們以案例來說明看漲期權賣方的部分。

條件：個股 XYZ 買入價格為 200 美元，出租股票，賣出一個月後履約價為 240 美元的看漲期權，收權利金 10 美元。

合約到期可能發生情況：

1. 股價未高於履約價 240 美元。

　・10 美元確實進入口袋。

　・穩穩賺取約 $\dfrac{\text{權利金 }10\text{ 美元}}{\text{持有價 }200\text{ 美元}} = 5\%$ 現金流。

・繼續出租股票賺取現金流。

2. 股價高於履約價 240 美元。

・10 美元確實進入口袋，並以 240 美元讓出股票。

・獲利為 $\dfrac{\text{權利金}＋\text{價差獲利}}{\text{持有價}} = \dfrac{10＋（240－200）}{200}$

$$= \dfrac{10＋40}{200} = 25\%$$

至此，為期權賣方的基本概念（參見下頁圖表 4-16），透過與生活連結的案例說明，希望能讓讀者了解期權及其基礎操作策略，與可能發生的狀況。以下為實際操作案例分享，皆為筆者最愛的迪士尼（代碼：DIS）於期權的布局操作。

由第 182 頁圖表 4-17 可見，DIS 在 2016/03/02 時築底突破，因為預計 5 月底安排一趟 5 天 4 夜小旅行，帶小孩第一次出國旅遊，前往日本東京迪士尼樂園，希望能透過 DIS 賺取旅費，所以透過期權賺取現金流。

分析 DIS 型態如圖表 4-17，因此賣出一張看跌期權（Put 契約），契約內容與可能發生情況如下：

Put 契約：賣出 DIS 2016/05/20 到期（將近 70 天），履約價為 95 美元，收權利金 3.3 美元。

思考想法：因為迪士尼是績優股，是願意持有的好資產，所以進場操作。

圖表 4-16　圖解看漲期權與租屋契約

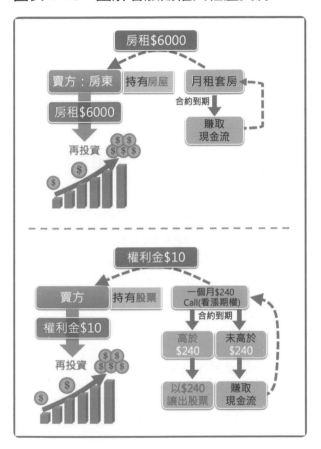

合約到期可能發生情況：

1. 股價高於履約價 95 美元。

　・3.3 美元確實進入口袋。

- 穩穩賺取約 $\dfrac{\text{權利金 }3.3\text{ 美元}}{\text{履約價 }95\text{ 美元}} = 3.5\%$ 現金流。

2. 股價低於履約價 95 美元承接一張 DIS。

- 持有成本價為 $\$95 - \$3.3 = \$91.7$。

- $\dfrac{\text{履約價}-\text{權利金}}{\text{市價}} = \dfrac{95-3.3}{97} = 0.95$

相當於是打 95 折承接，且剛築底突破，有機會挑戰前方壓力，日後可賺取個股價差獲利。

圖表 4-17　DIS 於 2016 年 3 月時看跌期權（Put 契約）操作

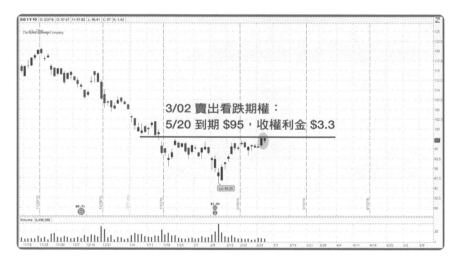

由下頁圖表 4-18 可見 5/20 到期前，股價一直在 95 美元以上波動，未能拉回，明顯上漲。因此 Put 契約過期無效，雖是可惜無法承接，但仍能有新臺幣 $3.3 \times 100 \times 30 = 9{,}900$ 元（按：不

圖表 4-18 DIS 於 2016 年 5 月看跌期權（Put 契約）到期

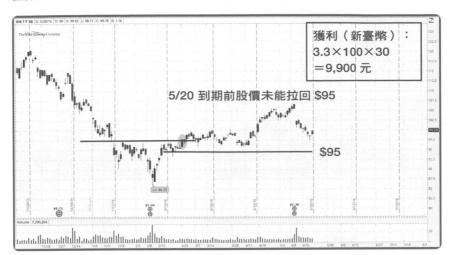

同於台股一張是 1,000 股，美股一張是 100 股）的獲利，增加了 3.5% 現金流。

在這段近兩個半月內，不需日日看盤，僅需耐心等待，便可有美妙收穫，賺取出國旅遊的經費。

接下來分享 2018 年 DIS 的看漲期權（Call 契約）的操作。在 2018/12/20 發現 DIS 跌破區間盤整（如下頁圖表 4-19），短期內股價拉回走跌的機率較大，當時持有價在 113 美元。由於趨勢走跌後，欲反轉為上漲型態，必須等待時間進行盤整築底，才有機會再次上漲，因為**時間是期權賣方最好的朋友**，因此在這段等待期間，進行期權布局操作如下：

Call 契約：2019/03/14 到期（90 天），履約價 120 美元，

圖表 4-19　DIS 於 2018 年 12 月時的看漲期權（Call 契約）操作

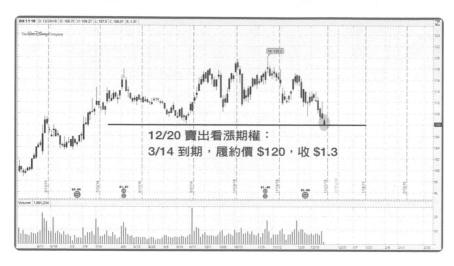

12/20 賣出看漲期權：
3/14 到期，履約價 $120，收 $1.3

收權利金 1.3 美元。

　　思考想法：履約價為關鍵高點壓力，觸及可能性低；若股價真反彈突破關鍵壓力，願意讓出股票，收取獲利。

　　合約到期可能發生情況：

1. 若到期股價仍低於 $120。

　・實收 $1.3 權利金。

　・相當於持有成本降為113－1.3 ＝ 111.7。

　　雖看似極為微小的降低幅度，但若能操作 10 次，也是能讓成本降低 11.5%（〔1.3×10〕÷113）的美好呈現。

2. 若到期股價高於 120 美元。

- 收進 1.3 美元權利金。

- 個股以 120 美元讓出（賣出），可創造 120－113＝7 的價差獲利。

- 獲利為 $\dfrac{\text{權利金＋價差獲利}}{\text{持有價}} = \dfrac{1.3+7}{113} = 7.3\%$。

- 90 天為 3 個月的等待期，因此換算為月投報率 2.4% 左右，也是相當漂亮的獲利。

　　透過下頁圖表 4-20 可見，在 2019/03/14 到期時，股價仍在 120 美元以下震盪。所以賺取 1.3÷113＝1.2% 現金流，進而降低持股成本。

　　透過以上案例分享，希望能讓大家對期權有更美好的了解。月月 3% 現金流並非難事，只要定期定額，並仿效巴菲特的成功——善用複利效應，持續不斷的投入在創造現金流的好資產上，再加上巴菲特的思維邏輯，以期權增加現金流就有機會辦到。耐心是財富最好的朋友，簡單的事重複做、加強好事重複發生的機率，打造屬於自己月月現金流的印鈔機，財富自由近在咫尺了！

圖表 4-20　DIS 於 2019 年 3 月看漲期權（Call 契約）到期

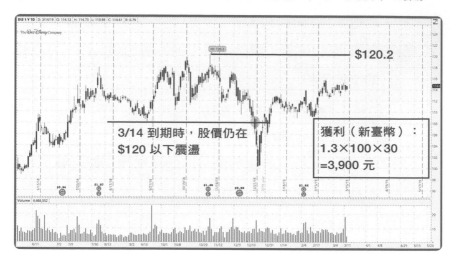

$120.2

3/14 到期時，股價仍在
$120 以下震盪

獲利（新臺幣）：
1.3×100×30
=3,900 元

Chapter 5

世上沒有窮口袋，
只有窮腦袋

一個人最好的投資，就是投資「自己」，沒有任何投資能
比得上。

——華倫・巴菲特

1 了解富人思維， 擺脫窮人體質

　　大多數的股市玩家，都在追求勝率高的投資聖杯，而忽略了「人」才是在這場投資大戰中的最主要關鍵。許多勝率高的投資策略，不一定適合所有人，因為「心態」才是關鍵。

　　誠如前述章節提及，許多人都是在「玩」股票，這樣的心態就難以帶領你的帳戶不斷攀升。常有人在爭辯著投資股票風險大，還是投資房地產風險比較大？其實，**「自己」才是投資中最大的風險**。

　　那麼要如何秉持著正確的「投資心態」？就讓我們逐步的將自己調整到最佳狀態，持續達到穩定獲利！

想要有錢，先換個腦袋

　　不知道各位讀者在閱讀本書時，是否發現每一篇章都頻繁出現了一位大家耳熟能詳的人名——「巴菲特」？是因為筆者推崇價值投資，所以視巴菲特為光明燈嗎？應該說，想要模仿這些成功人士，不只是投資策略的學習，他們的富人思維與生活習慣、

態度，更是值得我們仿效。

還記得古時的「孟母三遷」？在前兩次，因為住在墓地和市集旁，孟子模仿著祭拜與屠宰，孟母希望孟子可以有好的環境進行學習，因此不惜搬家遷徙三次，最終在學堂附近定居，在模仿效應之下，終於成就孟子的大儒之路；對應於投資亦然。我們需要有好的環境、好的對象進行學習模仿，而股神巴菲特當然是其中之一。

投資理財是很中立的行為，行為者的思維決定了最後的結果。為何在相同的投資市場中，僅有一小部分的人，也就是擁有富人體質者，能持續獲利，並享受著財富自由？

我們都知道，想法不同，結果就不同。**富人的思考邏輯、投資方法與架構的正確性，造就了他的口袋多深**。而在投資世界另一端、絕大部分的窮人體質投資者往往汲汲營營於價格，因為思考與觀念落差，往往賠上辛苦攢下的錢，甚至也賠上了快樂！

巴菲特曾說：「成功有兩個方法，一、去接近成功人士，讓他們的想法影響你。二、走出去學習，讓精彩的世界影響你；**世間沒有貧窮的口袋，只有貧窮的腦袋！**」

多去接近成功人士，多學習富人體質的思考邏輯，給自己找一個正確的環境，你可以當投資世界的孟母，為了自己的目標，改變自己的環境。如果你設定的目標，是月入 30 萬元，試想，若每天都和月入 3、5 萬元的朋友同事在一起，抱怨生活、抱怨老闆同事、抱怨工作，或是追劇、打手遊，這樣的人勢必會讓投

資的孟母想再次三遷、轉換環境吧！

反之，如果你不斷的結交月入 30 萬元的朋友，學習他們的思維，讓自己不斷成長，有一句臺灣諺語：「戲棚下站久了就是你的」，美好的財富自由未來便勝券在握了。同理，如果今天月入 30 萬元的人，想要更強大到月入 100 萬元，就應該多去認識這些月入 100 萬元的富者。

我有個朋友，曾經他也跟我一樣是小資族，可是他懂得給自己一個富人環境，所以當他月入 5 萬元時，他積極認真的透過他的老闆和客戶，去認識那些月入百萬元的人，當下我第一個反應是覺得他怎麼這樣厚臉皮？猶記得當時我問他：「怎麼有勇氣去接近這些高不可攀的人？」

他告訴我：「因為**想成為富人、想達到目標，就要和這些月入百萬元的人在一起，參與他們的世界，學習他們的生活方式與態度，進而了解他們的富人思維，改變自己的窮人體質。**」這回答真的震懾了我！而後，他真的在 37 歲時達成財富自由，不再為老闆工作，成為專職投資者。

這是一個成功的真實案例，也時刻提醒了我，要多向成功人士學習，不論是像我的那位朋友，透過實際認識、接觸身邊這些成功者；或是如同全球富豪巴菲特及其合夥人查理蒙格、比爾蓋茲等透過大量閱讀，改變自己的腦袋。

曾有一份分析報告指出：88% 的富人平均每天至少花 30 分鐘閱讀增進競爭力，但窮人的比例不到 2%。67% 富人每天看電

視的時間少於 1 小時，而窮人大都看電視超過 1 小時。知名藝人作家蔡康永曾說：「**很多人常說看電視是為了殺時間，但其實是時間正一步步在殺你的人生！**」

如同複利效應的「0.99 與 1.01」理論（如圖 5-1），只要每天進步一點點，哪怕每天只看 30 分鐘的書都好，都能讓自己更茁壯。

圖表 5-1　0.99 與 1.01 的差異

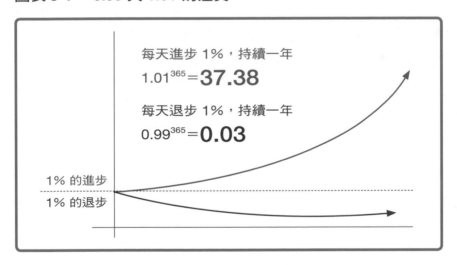

每天進步 1%，持續一年
$1.01^{365} = \mathbf{37.38}$

每天退步 1%，持續一年
$0.99^{365} = \mathbf{0.03}$

1% 的進步
1% 的退步

本書一開始便提到過每天都要對自己喊的宣言——我是好命的億萬富翁，是對自己身分的設定，是一種身分認同，其實就是「你希望成為什麼樣的人」。**當你越渴望、越迫切的想要成為你設定的那種人，便越有行動力去做。**每當完成一件符合身分設定的事，就會強化這樣的身分認同與信念，而這一份認同感進而促

使你更願意去行動。

正如同我那位朋友，當他與老闆、富人接近時，他所設定的身分就是「企業家」，先從模仿那些富人的穿著、行為，乃至於思維，強化自己身分的認同，使得他與富人們相處時，自然得仿若本就如此。因為改變窮人體質、調整為富人思維，在投資上也以企業家身分看待他所投資的股票、房產，從中獲利，獲得自我認同感，更積極朝向「企業家」身分邁進。

所以，現在就跟我一起，每日對自己宣言：「我是好命的億萬富翁，天天學習創造現金流！」讓你的內在世界因而改變，創造更好的外在世界。

2 「獲利」是需要練習的

　　從呱呱墜地開始，我們總在錯誤中學習、累積經驗。小時學走路，不斷的跌倒、爬起，透過一次次的練習、學習，學會走、學會跑、學會跳，乃至於長大。在所有成長過程中，我們仍在許多的錯誤中學習成為更好的人！

　　同樣的，在投資的世界裡，股市千變萬化，不論新手或老手都須透過一次次不斷的練習，累積經驗，方能達到高勝率。

　　鬼才作家麥爾坎・葛拉威爾（Malcolm Gladwell）曾出版過一本書《異數》（*Outliers*），內容探討傑出的成功人士為何與眾不同。他認為，不管哪一種專業，成功的最大前提，都是要有一萬個小時的不斷練習。一段來自遠見菁英論壇的專訪中提到「一萬小時的練習」：

　　一萬小時的練習是一種必須的「刻意修練」，也是邁向成功之路的內化關鍵。次數與慣性是直接的關係，靠著不斷的練習，不斷的自我體會，不斷的反思，最後內化成你血液裡的一部分。

這段談話，令我想起被譽為美國 NBA 史上最偉大的射手
——史蒂芬・柯瑞（Stephen Curry）。他的身高在 NBA 裡並不
出色，但卻能憑藉出手最快、命中率最高的三分球神射，站穩
NBA，成為首位全票通過的 MVP 選手。而他這一手出色三分球
技，不是靠著天賦，而是靠著不斷的練習而來。

　　他在訓練時，總是比其他人早進入狀況；練習結束，他也不
會立刻離開球場，而是要求自己連續命中 5 顆罰球線空心球。有
打籃球的人都知道，這是非常不容易的事。

　　又，在某次進行日常訓練時，連續投進 90 顆三分球，當一
般人想著：「喔不，快接近 100 了」，希望自己不要搞砸紀錄，
因此而綁手綁腳。然而柯瑞的回應卻是：「現在 90 了嗎？很
好，那我接下來要到 100！」

　　因為不斷的要求自己，讓身體的肌肉去記憶，當習慣成自
然，每當踏進那個區域，數以千萬次的投籃練習造就的肌肉記憶
被喚醒，開始了後續的投籃動作。已經貴為相當有名氣、並帶領
著球隊奪冠的核心人物，日復一日、始終如一的「刻意修煉」，
才讓自己保持巔峰與成就。

　　中國知名電商阿里巴巴創辦人馬雲曾說：「因為專注，所以
專業。」專注的力量總會帶給你驚喜，當我們專注在投資領域
上，每天透過不斷的畫線分析、資料研究、下單練習與觀察，透
過與夥伴討論，或接觸相關課程，不斷的讓自己更為精進，才能
累積足夠的經驗與判斷，不因市場波動而擾亂心志，在適當的風

險控管中獲取報酬，這才是真正投資獲利的關鍵。

很多有參與投資的朋友常說：「每次投資都是小賺大賠。」大多數股市老手應該多少都有這樣的經驗：總是在上漲時害怕獲利回吐，在至少打平不要虧錢的潛意識下，小賺出場；卻在下跌時，不時調降停損，或是持續加碼，安慰自己「攤平成本」、「這是價值投資」，最終卻慘住套房或認賠殺出，讓情緒左右行為而缺乏了紀律。

其實，不只走勢分析、企業基本資料分析，或是下單需要練習，**「獲利」這件事也是需要練習的！**

若不常經歷 50% 獲利，那麼任何有關 50% 獲利的可能操作，往往都是在 10%～20% 就獲利了結。也因此，我們應該**練習「獲利」分批出場的技巧與投資習慣**，每當股價來到獲利想出場時，只要漲勢依然明確，可將一半持股獲利出場，先滿足內心渴望獲利的自己；另一半持股就跟隨市場，持續使獲利攀升。藉由這樣的練習，養成習慣，習慣成自然，獲利就再自然不過了！

3 不用很厲害才開始，要先開始才會很厲害

《富爸爸，窮爸爸》系列書作者羅伯特・清崎（Robert Ki-yosaki）說：「**如果你不懂得理財，錢就會遠離你。**」以前的我真的不懂理財，更不懂投資，所以成為月光族。

記得那時身邊朋友總是提醒我要趁年輕開始投資，而我總說：「我不懂投資啦，又沒上過課，也沒消息管道（因為台股好多內線消息），等我懂了再來。」然後就這樣從研究所畢業，心裡一直有「我不懂所以不要碰」的心態，拖到非得讓上帝關了我的門，才願意開窗去學習、去投資。

開始投資之後，我心裡常想：「為什麼我不早點開始？」、「要是早點開始，我現在早就可以輕鬆了！」記得我的閨密好友跟我分享過一句話：「**不需要等到很厲害才開始，要先開始才能很厲害**」，這句話真的打動了我。

我相信許多人都跟以前的我一樣，會覺得投資很難，想要等到很厲害，或者說不是等到很厲害，而是要等到自己會了才要開始。可是，沒有開始、沒有踏出第一步，怎麼能知道往後會如何發展？更不可能知道自己能不能很厲害、不可能知道自己有沒有

興趣。

　　就像小孩一樣，在遇到任何事情時，一開始會覺得好難、做不到，這時如果沒有大人在旁鼓勵、給予協助，就會放棄、不願嘗試，然後就錯過了！

　　以我家小孩為例，一開始設定年度目標，要一年存新臺幣 1 萬元丟進美股投資時，當下也覺得好難、做不到（因為家規是有做家事才有零用錢，週結算，10 件家事 200 元，未滿 10 件不發），我對他們說：「沒有開始，怎麼知道做不到？」等到開始透過做家事，才發現每隔一、兩個月看到撲滿存滿百元紙鈔，就會更積極的找事做。每隔半年我分享投資績效，就會很開心而更努力攢錢投資。

　　人生中的許多歷練與經驗，都是要先有開始，才能有所體驗、體悟與領會，可能是跳舞、可能是烘焙、也可能是與人分享，都要先有一個開始，才能知道自己能到哪兒、自己的極限。比如先生其實是個肢體不太協調的人，但被主管逼著報名了國標舞課程，從一開始很痛苦的去上課、尷尬的猛踩舞伴的腳，舞著舞著跳出了興趣，還去找了教練一對一教學，後來還能跟著舞團出去表演，誰說肢體不協調就不能當舞棍阿伯，對吧？

　　又比如年長我二十多歲的一位美股投資學員，從一開始不會電腦，需要戴著老花眼鏡學著操作電腦、學著開戶、學會畫圖分析、學會資產與風險控管、學著停損後調整策略與心態、學著獲利做分批出場，到現在已經能侃侃而談，且樂於與身邊朋友分

享，積極邀請他們加入美股行列。

他們都沒有在一開始就很厲害，但他們很有勇氣的踏出這一步，成就自己的成就，遇見更美好的自己！

不要再猶豫了！我相信正在看書的你，一定有相當程度的想開始投資卻無從入門，現在就趕緊照著書中附錄的開戶步驟先進行開戶。然後開啟虛擬倉，透過 FINVIZ 也好、透過 ETF 也好、透過巴菲特的持倉個股也好，開始進行虛擬倉的線圖練習與下單操作吧。

每個月定期存下未來的你都會為你驕傲的 1 萬元～1.5 萬元作為投資金，加強好事重複發生的機率，讓複利效應帶著你邁向財富自由之路。

馬雲曾說過：**「當你決定好了一件事，那就勇敢去做、努力去做、堅持去做、不放棄，那麼你一定會成功。」**你一定要敢於行動！成功非你莫屬！

後記

一個人最好的投資，
就是投資「自己」

孟子說：「天時不如地利，地利不如人和。」

由於 2020 年 3 月 COVID-19 疫情大崩跌，造成 30% 以上的修正而進入熊市。2020 年 8 月已回漲並突破歷史高點，正式進入牛市開端。

回顧歷史如下頁圖表 A-1，**距離我們最近的一次牛市，歷時長達11 年，且平均牛市投報率達 153.2%**。幸運的我們正逢最佳天時，若能抓緊上車（進場投資）機會，分批進場績優股，便能取得財富自由的入場券。

掌握地利勝於天時，只要市場對了，勝率就有一半以上。誠如第 2 章所說，因美股市值占比超過全球股市占比一半以上，所以搶得「地利」之便──投資美股市場吧！

既然天時和地利都站在你這邊，那麼最後的「人和」呢？常言道：**最好的投資就是「自己」**。每個人都受到三種影響力的作用：輸入（餵養頭腦的東西）、交往對象（往來相處的人），以及環境。「世界上沒有貧窮的口袋，只有貧窮的腦袋」，好好餵養你的大腦，建立你的「財富基因」──找到屬於你的現金流投

圖表 A-1　美國歷史牛市和熊市

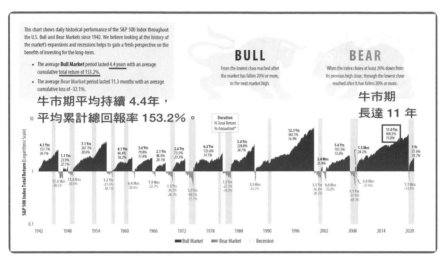

資料來源:First Trust Advisors L.P., Bloomberg. Daily returns from 4/29/1942 - 3/31/2021。

資法「信仰化」學習,寫入你的大腦程式中。

　　成功者的生命中都有正式或非正式的教練,不論是心靈、生活或是投資。如同運動員的教練,或許 NBA 球星柯瑞的教練,球打得沒有柯瑞好,但他具有充足知識與經驗,可以協助制定計畫。在計畫執行過程中,與柯瑞檢討、適時修正。

　　如果可以,請找到適合的教練,讓他帶領你,在你生命中迷思時刻,指引你,讓你能朝著正確的方向邁進。並請記得身邊一定要有一起往前走的夥伴,因為投資是很孤單卻是一輩子的事,找到一群志同道合的夥伴,可以在遇到盲點相互提醒、彼此鼓勵,可以在獲利時分享彼此喜悅,帶著正向循環,共同在這個領

域耕耘，採擷豐碩的成功果實！

> 成功＝準備（個人成長）＋態度（信念／心態）＋行為
> （行動）＋習慣（重複行動）＋複利效應（時間）

　　期許此書能為你帶來不一樣的啟發，能夠學習並擁有富人致富思維。與其讓自己的無知成為無法持續獲利的障礙，請記得好好投資自己的腦袋。

　　購買投資書籍只是入門，真正想學習到系統性的現金流投資術、想了解持續獲利的關鍵，還是建議找尋適合你的實體課程。透過實體課程學習，並找到你的現金流教練不斷的協助，讓自己能躍升為財富自由的金流族，成為好命的億萬富翁！

附錄 A

完整 TD 開戶流程圖解

　　閱讀完前面章節閱讀，相信大家一定迫不及待的想趕快取得參與美股牛市的入場券了吧！所以本書將針對 TD 開戶步驟一一操作全圖解，趕快打開電腦，開始囉！快點跟上吧！

Step1 用 Google 搜尋「**TD 中文**」的第一個結果就是 TD 官網，也可直接輸入 **https://ola.tdameritrade.com/global/index.html#!/** 後，跳到 Step5 跟著操作。

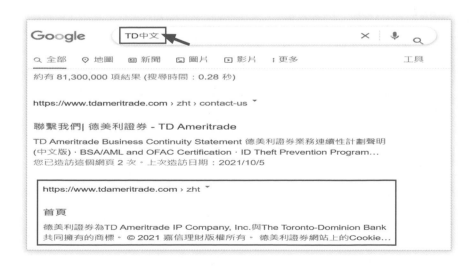

Step2 在官網右上及左下角皆有**「開設新賬戶」**連結,請以滑鼠擇一點擊。

Step3 這時候你可能會發現——咦?怎麼又跳回英文介面?別擔心!請直接點擊**「Chinese」**(參見下頁上圖)。是的,系統就是要再次確認是否使用中文介面,請點擊**「Yes, I want to apply in Chinese」**選項就可以囉!

Step4 接下來進入的畫面開始有網路安全性監控,請放心填寫!請點選**「台灣」**(參見下頁下圖),並在跳出的視窗中點擊**「繼續」**。

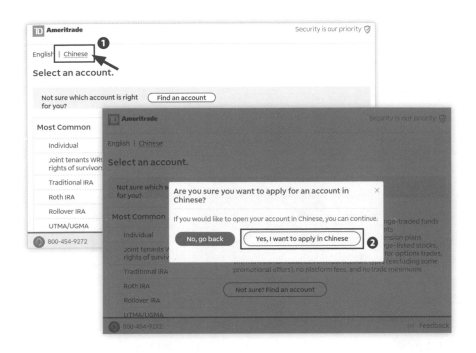

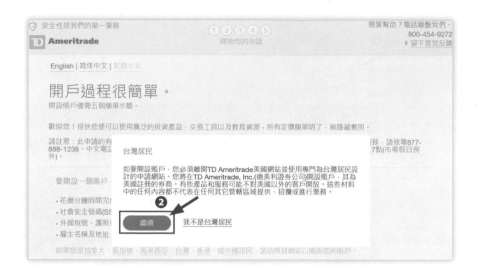

再次看到簡體字頁面，這時候若須轉換繁體，請點選右上角的「**簡體**」（參見下頁上圖），會出現三種語言選項，點選「**繁体**」即可。接下來請點選「**開設賬戶**」。

Step5 真的要開始進入填寫資料的程序啦！一般都是個人申請，所以請直接點選「**個人賬戶**」。

點選後會出現三個選項。「現金賬戶」就是單純買進股票，無法進行放空，但因為美股多空皆可交易，若要放空，則需有「融資」功能，且若後續操作選擇權，也會需要融資帳戶，建議大家可以選用「**標準融資融券交易**」。

而最後的「高級融資融券交易」則屬於期貨操作選項，後續

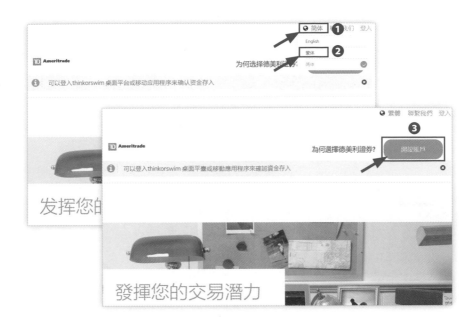

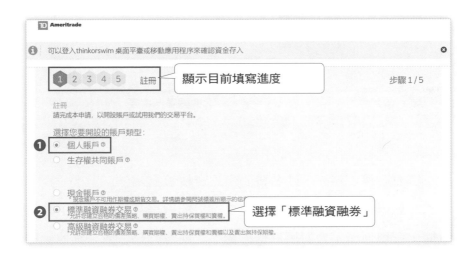

若有需求，都可以在官網上申請變更。

　　請先將圖片上文字填入。接下來的用戶名稱與密碼將是日後進入官網及操作平臺的帳號密碼，真實帳戶與虛擬倉是同一組帳號密碼，建議將它確實記在記事本或是手機中，真的不要太相信記憶力，還是乖乖以紙筆記下，或記錄於手機中吧。

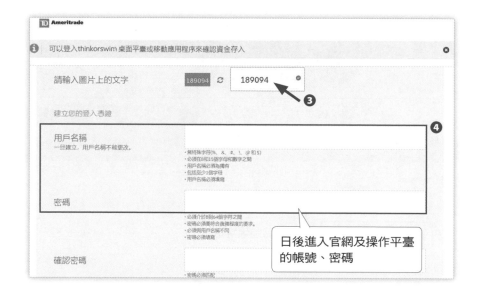

　　填寫聯絡資料時，姓名請依護照資料填寫。

　　「您是如何聽說德美利證券？」這項只是為了收集 TD 的大數據，選填何者不會對帳戶有影響；「朋友介紹」或「其他」都需以英文詳細說明，故建議直接點選**「網站／搜索引擎」**，下方的具體說明欄位填**「google.com」**。

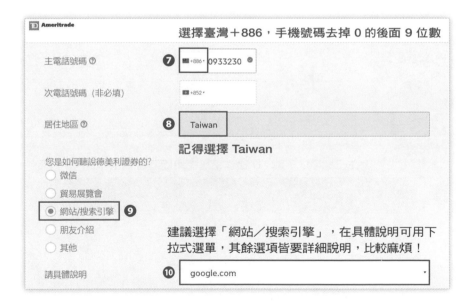

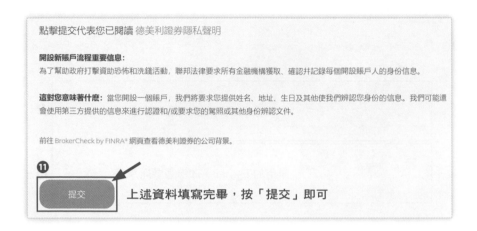

點擊提交代表您已閱讀 德美利證券隱私聲明

開設新賬戶流程重要信息：
為了幫助政府打擊資助恐怖和洗錢活動，聯邦法律要求所有金融機構獲取、確認并記錄每個開設賬戶人的身份信息。

這對您意味著什麼？ 當您開設一個賬戶，我們將要求您提供姓名、地址、生日及其他使我們辨認您身份的信息。我們可能還會使用第三方提供的信息來進行認證和/或要求您的駕照或其他身份辨認文件。

前往 BrokerCheck by FINRA® 網頁查看德美利證券的公司背景。

⑪

提交　　上述資料填寫完畢，按「提交」即可

Step6 恭喜你！進入第 2 階段囉！到這，已經可以下載 TD 操作平臺，以剛才的帳號、密碼登入虛擬倉使用（參見第 73 頁）。

接下來請先到中華郵政全球資訊網（https://www.post.gov.tw/
post/internet/index.jsp）進行地址英文翻譯。

將翻譯後的地址依照所需欄位填入即可。若通訊地址不同，記得也要填寫，日後會有相關帳戶資料或是股東會、稅務資料要寄送紙本，有通訊地址才方便收信喔！

TD Ameritrade		
居住地區	TW	
城市	縣市	
省/縣	選擇　　　縣市	▾
郵碼	郵遞區號	

郵寄地址
與居住地址相同
○ 是
○ 否　若為「否」，請再使用中華郵政地址英譯，填寫確實資料

　　若有雙重國籍，請照實填寫即可。

　　接著依有無護照的填寫方式提供範例。首先下頁圖為有護照的填寫方式：

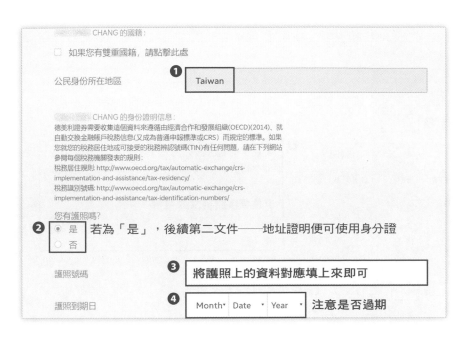

沒有護照的填寫方式如下圖：

網頁下滑繼續填寫額外信息。安全提示問題與答案都只能填寫英文，所以務必記得填寫好後將問題與答案，連同帳號、密碼記錄在一起才不會忘記喔！填寫好就可以按「**提交**」送出了！

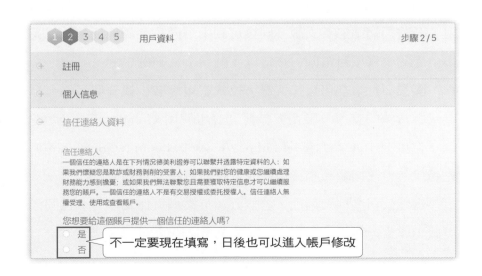

Step7 關於信任連絡人，主要是在未來有緊急狀況時 TD 可聯繫到代理人進行處理，可選擇先略過或一併填妥。在此**先略過**。

Step8 受僱信息主要是為了解資金來源，有家管、退休、學生及失業等四項，財富來源同樣也是要寫英文喔！可直接填寫「Investment」（投資）。

受僱信息

CHANG 的職業：

選擇您的受僱狀態

就業　● 家管　退休　自僱　學生　失業

財富來源　　　　　　　**可直接填寫「Investment」**

提交

若為「就業」，則須填寫公司資料，一般可上公司網站擷取相關資料填入。如選擇「自僱」，也請準備好公司資料進行填寫。若公司網站無英文版，同樣可到中華郵政英譯地址。因就業與自僱的填寫項目雷同，在這以「就業」為範例說明。

職業與行業都可直接透過下拉式選單選取，找一個最適合你職業與行業的就行。職銜與職務列表可使用 Google 翻譯協助進行；也可至 104 人力銀行（https://www.104.com.tw/jobs/main/）先尋找與自己相關職務後轉換成英文網頁複製資料。

當然公司名稱及地址，若無公司英文網頁作為參考，也同樣可於 104 人力銀行求職網複製（參見第 218 頁圖）。

受僱信息

⬜⬜⬜⬜ CHANG 的職業：

選擇您的受僱狀態
● 就業 ○ 家管 ○ 退休 ○ 自僱 ○ 學生 ○ 失業

職業	選擇 ▾
行業	選擇 ▾
職銜	**可使用 Google 翻譯（https://translate.google.com.tw/）查詢英文寫法**
職務列表	
僱主名稱	公司英文名稱

僱主地址	不含縣市的英文地址
	縣市　　　　　　**若無公司英文網頁，可使用中華郵政地址英譯**
僱主所在城市	縣市
僱主所在州/省	縣市
僱主郵碼	郵遞區號

提交

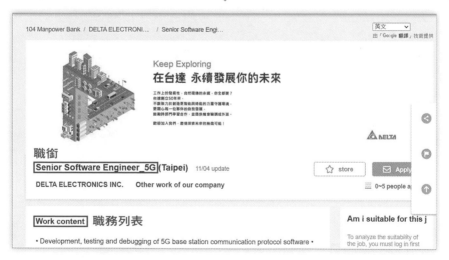

Step9　財務狀況填寫攸關後續帳戶申請，在銀行信息部分，點選任一個都可以，後續匯款可使用其他銀行；投資目標建議選擇「適中增長型」以上，避免後續操作標的受限，在此以**「增長型」**為例。

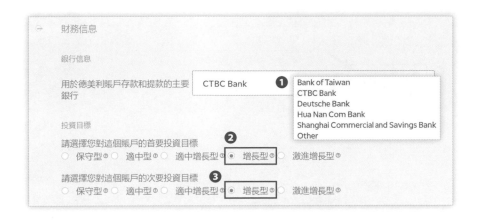

於收入及資產淨值這部分，金融機構普遍都比較喜歡持續有儲蓄的投資人，且通常持續儲蓄者的**總資產 > 流動資產 > 年收入**，所以可以參考填寫。其餘就按照真實情況填寫即可（參見下頁上圖）。完成後按**提交**送出，前往下一部分。

Step10　出現如下頁下圖畫面，主要是為了要避免內線交易，所以在這部分都選擇**「否」**，按**提交**送出。

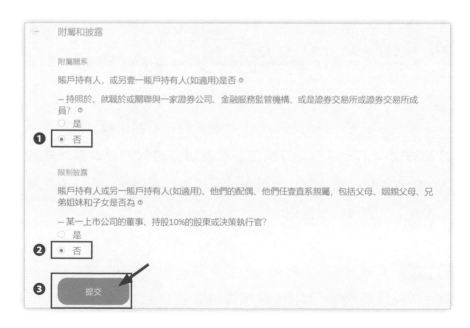

Step11　投資經驗填寫部分，希望正在看這本書的你，不論是否接觸股市許久，都建議在投資經驗上選擇**「3-5」**年，對於後續申請其他服務，如選擇權權限等，較容易審核通過。而投資知識的選項，也建議選擇「良好」或**「豐富」**（設定頁面參見第221頁至第 223 頁）。

　　確認剛才填入的各項信息後，勾選**「我同意」**再按**「提交」**送出。

　　在第 223 頁下圖的「德美利證券交易披露」部分，主要是一些聲明文件，有興趣可以花點時間點開來看。請勾選**「我同意」**後按**「提交」**，進入下一部分。

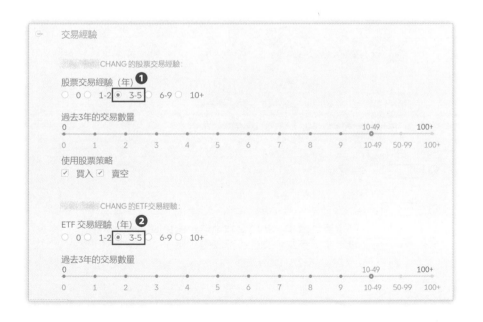

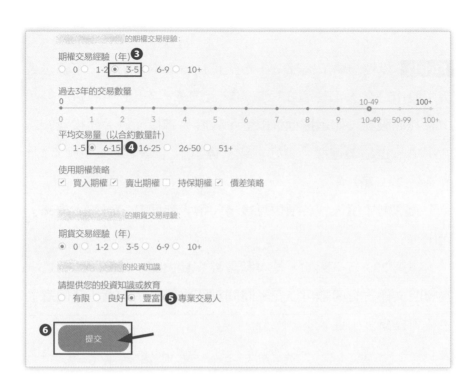

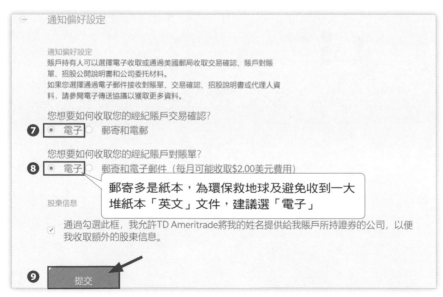

郵寄多是紙本，為環保救地球及避免收到一大
堆紙本「英文」文件，建議選「電子」

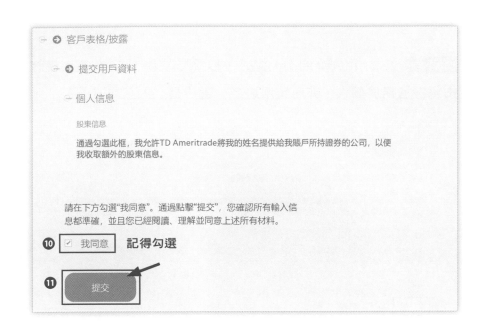

Step12 交易所協議的部分有點長，只要記得第一個「你是否僅將市場數據用於個人，非商業用途？」選「是」，其他填「否」。

⇢ ➋ 交易所協議

參與的股票及期權交易所對使用報價有一定的限制。為了獲得這些信息，您必須同意其個別用戶協議的條款。本頁包含每個交易所需要的協議，以便我們將實時報價直接發送到您的電腦。

請閱讀下面的每份表格，並提供所要求的信息。閱讀完所有內容後，向下滾動，填寫"表格接受"部分，然後按"保存並繼續"。有*標示的項目是必填項。

紐約證券交易所用戶協議
請閱讀下面的每份表格，並提供所要求的信息。一旦你已經閱讀了全部，向下滾動，填寫表格驗收部分，然後按"提交"。如果這是一個聯合賬戶，請代表賬戶所有持有人回答。

您是否僅將市場數據用於個人，非商業用途？
❶ ● 是　**記得勾選「是」，**
　　○ 否　**下列各項皆為「否」**

您是否就您的業務或任何其他實體收取市場數據？
　　○ 是
❷ ● 否

您目前是在美國證券交易委員會或美國商品期貨交易委員會註冊？
　　○ 是
❸ ● 否

您目前是否在美國或其他地方註冊或獲得任何證券機構，證券交易所，協會或監管機構，或任何商品或期貨合約市場，協會或監管機構的資格？
　　○ 是
❹ ● 否

無論您身處美國境內或境外，您是否執行類似要求個人註冊或符合證券交易委員會，商品期貨交易委員會，任何其他證券代理機構或監管機構資格的職能，任何證券交易所或協會，或任何商品或期貨合約市場，協會或監管機構的職能？
　　○ 是
❺ ● 否

您是否為任何個人或實體提供投資建議？
　　○ 是
❻ ● 否

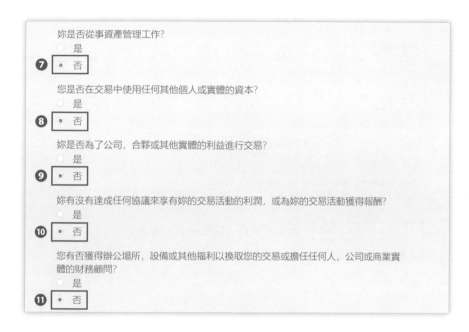

網頁一直往下滑，有一個 OPRA 用戶協議，請勾選「**我是一個非專業人士**」，這兩項都是為了說明自己非專業操盤手或專業經理人，若為專業人士，則即時報價是訂閱收費制。如不慎填錯，記得聯繫客服人員進行修改。

至於後續三項用戶協議，請直接勾選「**我同意**」，並按「**提交**」即可。

OPRA 協議

何謂證券專業人士?

如果您符合以下任何一項標準，您將被視為證券專業人士:

○ 您已在美國證券交易委員會，金融業監管機構，商品期貨交易委員會，全國期貨協會，任何國家證券機構，任何證券交易所/協會或任何商品或期貨合約市場或協會註冊或取得資格。

○ 根據1940年投資顧問法案第201 (11) 條的規定，您被聘為「投資顧問」，無論您是根據該法案註冊還是具有合格資質。

○ 您受僱於銀行，保險公司或其附屬機構，從事與證券或商品期貨投資或交易活動有關的職能。

○ 您代表公司，合夥人，信託公司或協會獲取實時報價。

○ 您使用與任何交易或業務活動有關的報價信息，而非私人投資用途。

如果您不符合上述任何一項條件，*並且*使用實時報價/市場數據進行個人非商業投資，您就不是證券專業人士。
根據以上所提供的信息，您被認為是一名 (證券專業人士或證券非專業人士)

○ 我是一名證券專業人士

⑫ ● 我是一個非專業人士　　**務必記得選「我是一個非專業人士」**

非專業用戶協議
要用英文和中文查看本協議，請參閱PDF文件 。 若本協議中英文版本有差異，以英文版本為準。

通過在下方點擊"我同意"，您同意下列內容是正確的

1. 您聲明有實際權限代表用戶簽訂本協議;

2. 您已閱讀上述條款;

3. 您理解上述條款;

4. 上述條款印刷本將構成任何適用法律例或法規所定之「書面」; 及

5. 您同意遵守本協議上述所有條款。

姓名: ▨▨ ▨▨ CHANG
日期: 10/13/2021

表格受理
通過在下方點擊"我同意"和"提交"，您確認您已經收到並理解下列
上述協議:
NYSE用戶協議
OPRA用戶協議
期貨市場數據協議

⑬ ☑ 我同意

⑭　　提交

提交後便可擁有自己的帳戶號碼囉！所以接下來的 OCC 風險批露也請勾選「**我同意**」再按「提交」。

Step13 終於看到第 4 階段亮起！接下來就是一連串的文件遞交。首先是 W8 表單（W-8BEN 稅表），先前章節有提過，這是一份關於稅務、證明，屬境外人士須填寫的必要表單。

點選「**點擊這裏提交電子版 W8 表格**」進入，接著在左上角選擇語言為「**中文**」，美國公民或居民選項選「**否**」，再接著按「**繼續**」。

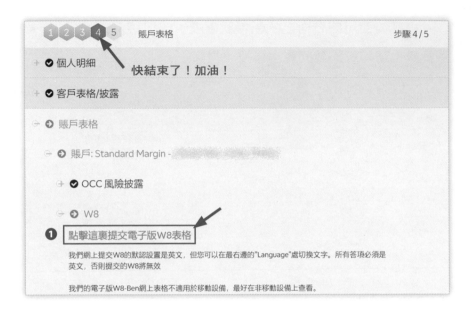

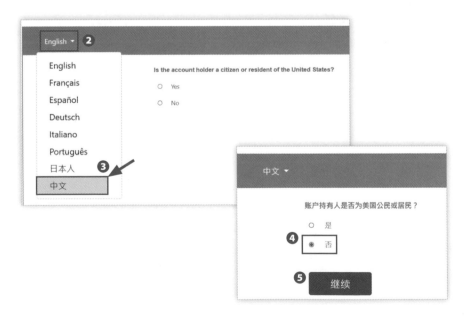

基本上各項個人資料皆由系統帶入，僅需確認各項資料正確與否。

請記得勾選「賬戶持有人無美國納稅人識別號（TIN）」。
因臺灣與美國無任何稅收協定，所以最後一項填「否」。

美国纳税人识别号（美国 TIN）❓

美国纳税人识别号 (TIN)　　　　　　美国纳税人识别号 (TIN) 类型

　　　　　　　　　　　　　　　　社会保险号 (SSN)　　个人纳税识别号 (ITIN)

☑ 账户持有人无美国纳税人识别号 (TIN)。 ❽

籍贯

国籍　　　　　　　　　　　　　　　出生日期

Taiwan, Province of China ⌄

协定优惠 ❓

账户持有人是否根据美国与其他国家之间的税收协定要求降低扣缴率？

是　　否 ❾

❿

返回　　　继续

说明

您需要提供 W-8BEN 表来证明您的纳税人身份以用于美国纳税目的。关于 W-8BEN 表的说明可在此处下
申报表不正确，请点击"返回"以选择其他纳税申报表。

请提供下列所需资料，以便提交纳税申报表的电子版本。如果对电子表格提交过程有任何疑问，请联系此
如何回答以下问题有任何疑问，请咨询您的税务顾问。

身份不变誓章

从[誓章日期]至今，表格上所提供的资料是否保持不变？

❶❶ 是　　否

☑ 本人声明以下内容属实，否则愿受法律制裁：本人已经检视并签署了此表格，表格中包含的信息和证
❶❷ 税收法规第 3、4、61 章中规定的纳税身份，且从[誓章日期]至今，这些信息与证明未曾发生改变并
　　整。

　　請**勾選所有項目**。電子簽署也請記得勾選**同意**，後續所有文件皆可以電子簽名（輸入英文姓名方式）。

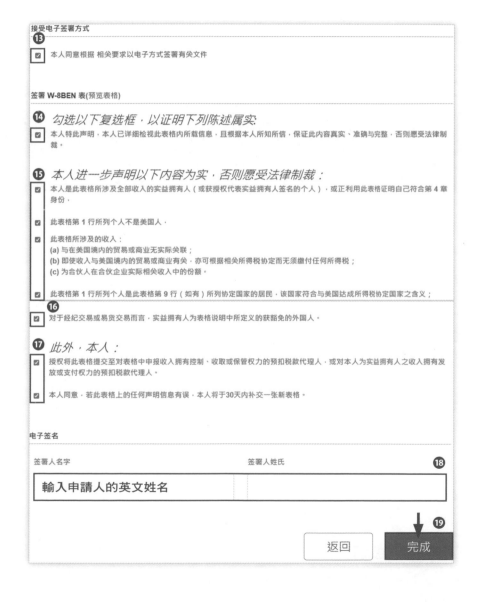

　　開心！終於填完了！看到狀態顯示「已提交」就表示完成。
請按右上角 **Close**，回到帳戶申請畫面。

Step14 請點選「**客戶協議／電子簽名**」，並依下圖設定，完成
按「**提交**」即可。

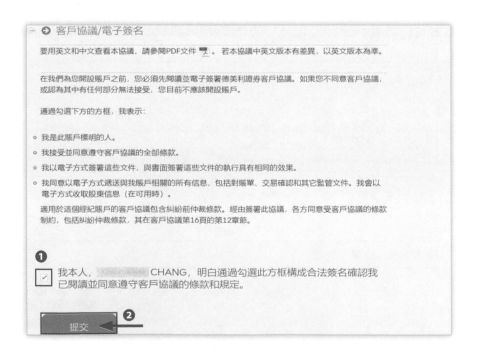

Step15 最後一步啦！請將身分證明及地址證明文件上傳就大功
告成啦！快拿出你的證件，拍照上傳吧！

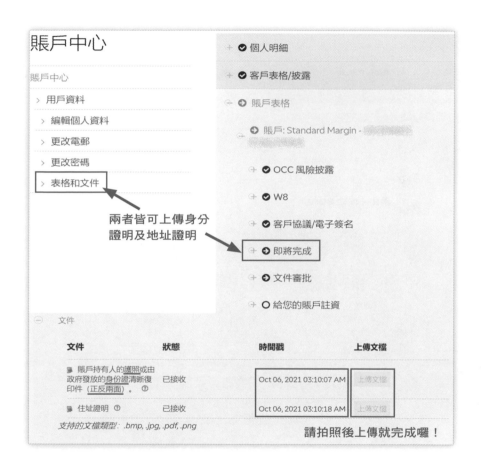

請記得護照除照片與個人資訊頁，也須有**簽名頁**；若是上傳
身分證，則需有**正反兩面**。住址證明可使用駕照、水電瓦斯費帳
單、信用卡帳單等。完成上傳會看到時間戳記。

到這裡就真的就是完完整整的完成了開戶流程囉！接下來就交給 TD 進行資料審核。審核通過會收到 TD 綠底白字的 Email 通知，就可以準備入金，開啟你的美股人生啦！

寄件者：TD Ameritrade <info@mail.tdameritrade.com>
Date: 上午8:31
Subject: Welcome,   Let's get you set up.
To: <   @gmail.com>

Can't read this email? | View online   Learn more | 800-454-5598

TD Ameritrade

We have one goal:
to help you with yours

Welcome to TD Ameritrade. Whether you're an experienced investor or just getting started, you now have some of the industry's most powerful resources at your disposal. Between our free guidance, education, and extensive tools and research, everything you need is right at your fingertips. Get to know our powerful platforms and mobile solutions and start investing however you want, wherever you are.

LET'S GET STARTED >

附錄 B

優質個股介紹

　　讀完了本書，或許還是有許多讀者不知道該如何選擇個股、不知哪檔個股目前適合進場。在此附錄中，將分類介紹其中的佼佼者，或為企業領頭羊，或為眾所周知之企業，提供初學入門的讀者作為進場個股的參考。

　　人的生活總離不開食、衣、住、行、育、樂等六大方面，在此介紹食衣住行樂以及大型電商、金融銀行類股，甚至是大家耳熟能詳的電腦科技相關個股，羅列於下頁圖表 B-1。表中所有個股之市值皆為百億以上，且多為其類別之市占最大公司（如第 238 頁圖表 B-2 圈選者），其日成交量動輒百萬股，10 年投報率也都為兩位數以上，皆屬優質公司。

　　表中 **P／E 為本益比，EPS 為每股盈餘**，這兩者數值較為臺灣投資人所熟知。**ROA 為資產報酬率**，主要用以衡量企業利用資產的經營效率。資產報酬率越高，代表整體資產帶回的獲利越高。資產報酬率衡量的標準，長期至少要比定存利率、長期公債利率高為佳（約 5%）。

圖表 B-1　行業領頭羊個股

類別	公司	個股代碼	市值 （十億）	本益比 （P／E）	每股盈餘 （EPS）
大盤指數 ETF		SPY	因非個股公司，故無相關資料		
食	麥當勞	MCD	190.56B	26.16	9.69
食	星巴克	SBUX	133.93B	36.48	3.06
衣	耐吉	NKE	270.22B	46.29	3.76
住	家得寶	HD	428.42B	27.34	14.95
住	Realty Income	O	40.07B	55.88	1.26
行	特斯拉	TSLA	1,114.45B	375.36	3.08
行	波音	BA	130.92B	—	-14.7
樂	迪士尼	DIS	283.00B	139.39	1.11
樂	蘋果	AAPL	2,597.66B	28.72	5.61
民生	嬌生	JNJ	419.16B	23.87	6.69
民生	好市多	COST	238.92B	48.39	25
電商 網路	亞馬遜	AMZN	1,821.44B	69.86	51.14
電商 網路	谷歌	GOOGL	2,019.28B	39.20	75.04
金融 相關	摩根大通	JPM	492.13B	10.40	15.81
金融 相關	VISA	V	421.08B	39.27	4.98
電腦 軟硬體	微軟	MSFT	2,537.76B	37.99	8.95
電腦 軟硬體	輝達	NVDA	767.17B	98.66	3.24

資料統計來源：FINVIZ 及 Morningstat，數據統計截至 2021/11/23。

資產報酬率 （ROA）	股東權益報酬率 （ROE）	投報率（%）			日成交量 （股）
		3 年	5 年	10 年	
		23.39	18.32	17.22	61,748,976
14.0%	-109.8%	14.13	18.29	12.35	2,438,758
3.4%	-13.2%	21.76	16.00	19.63	5,969,252
16.6%	49.0%	34.78	28.15	22.97	5,907,245
21.0%	682.7%	36.11	26.98	28.33	4,008,859
2.2%	4.0%	7.98	8.59	11.41	6,528,257
6.4%	14.3%	157.22	95.71	67.74	33,072,508
-5.7%	50.2%	-14.56	13.10	15.60	10,764,317
-2.2%	-5.3%	11.09	9.81	17.13	12,790,408
27.6%	144.1%	54.65	42.59	28.64	117,467,888
10.2%	26.6%	6.71	9.62	11.86	7,642,322
8.6%	31.0%	36.82	30.54	22.08	2,130,265
7.6%	24.3%	33.05	35.39	33.93	4,847,850
21.8%	30.9%	42.06	30.99	—	1,231,385
1.3%	19.2%	17.57	17.98	20.32	14,551,672
14.7%	34.9%	14.01	20.22	24.48	21,191,920
21.2%	48.6%	49.44	41.88	30.59	31,031,112
17.0%	29.5%	106.82	68.74	55.95	75,433,520

圖表 B-2　推薦個股之市值占比分布圖

資料來源：FINVIZ＠2021/11/23。

　　ROE 為股東權益報酬率，意即企業為整體股東資金創造獲利的效率。股東權益報酬率越高，代表公司為股東賺回的獲利越高。股神巴菲特持有的公司都具有高股東權益報酬率特色（高於10%～15%）。

　　或許讀者看到有部分每股盈餘或資產報酬率、股東權益報酬率等為負值，可能會感到困惑，但其實仍要針對其基本面、股價整體表現與未來展望等進行相關研究，如麥當勞（代碼：MCD）雖 ROE 為負值，但因其為跨國企業，且架構不同，其創造之投資報酬率仍是相當驚人。

　　接著將針對下頁圖表 B-3 內個股進行初步介紹，讓讀者們可較為清楚公司相關業務等資訊。

圖表 B-3　COVID-19 疫情造成股市進入熊市後之個股表現

類別	公司	個股代碼	2020/02 COVID-19 前高點	2020/03/16 熊市最低點
大盤指數 ETF		SPY	339.08	218.26
食	麥當勞	MCD	218.39	124.23
	星巴克	SBUX	90.51	50.02
衣	耐吉	NKE	103.89	60.00
住	家得寶	HD	247.36	140.63
	Realty Income	O	84.92	38.00
行	特斯拉	TSLA	193.8	350.50
	波音	BA	349.95	89.00
樂	迪士尼	DIS	147.30	79.07
	蘋果	AAPL	81.81	212.60
民生	嬌生	JNJ	154.50	109.16
	好市多	COST	315.26	261.28
電商網路	亞馬遜	AMZN	2,185.95	1,626.03
	谷歌	GOOGL	1,529.88	1,008.87
金融相關	摩根大通	JPM	139.29	76.91
	VISA	V	214.17	133.93
電腦軟硬體	微軟	MSFT	190.70	132.52
	輝達	NVDA	79.08	45.17

跌幅深度	回到疫情前高點日期	殖利率（以疫情高點持有之股價為基準）
35.63%	2020/08/17	1.7%
43.12%	2020/09/07	2.3%
44.74%	2020/10/12	1.9%
42.25%	2020/06/01	0.97%
43.15%	2020/05/25	2.4%
55.25%	尚未回復	3.3%
62.90%	2020/06/08	—
74.57%	尚未回復	0.6%
46.32%	2020/11/23	—
35.03%	2020/06/01	0.8%
29.35%	2020/04/20	2.6%
17.12%	2020/07/06	4.0%
25.61%	2020/04/13	—
34.06%	2020/07/06	—
44.78%	2021/01/11	2.6%
37.47%	2020/08/24	0.57%
30.51%	2020/06/08	1.1%
42.88%	2020/05/11	0.8%

麥當勞（代碼：MCD）

「麥當勞都是為你」、「I'm lovin' it」，耳熟能詳的廣告詞，不論在臺灣，或是在世界的其他角落，總是能看見大大的 M 字招牌。麥當勞（McDonald's Corp.）是一家成立於 1940年、來自美國南加州的跨國連鎖速食店，全球營業據點達 38,000間，雖僅是販售速食產品，卻能打下其寬廣、無可取代的護城河（即公司長期競爭優勢）！

在 2020 年 2 月、3 月雖一度因 COVID-19 疫情擴散，導致全球股市進入熊市（意即拉回超過 30％），餐飲龍頭的麥當勞也深受其害，因各國封城鎖國，餐飲業暫停營業或禁止內用，

圖表 B-4　麥當勞股價走勢圖

使得營業額大受影響，連帶個股跌幅之深勝過大盤（在此大盤指數以其 ETF——SPY 呈現，見第 240 頁圖表 B-3）。隨後麥當勞藉由得來速（Drive thru），並與美食外送平臺合作，以將近半年期間，於同年 9 月收復失土，突破疫情前高（見上頁圖表 B-4）。

麥當勞除了是餐飲龍頭股、穩定的跨國企業、品牌效應推升其護城河寬廣外，**長期投報率也超過 10%**，另外再加上配息持續增加，2020 年縱使大跌，仍配發股息（按：配 3 次 1.25 美元，1 次 1.29 美元），若於疫情前高點持有，**殖利率來到（1.25×3＋1.29）÷218.39＝2.3%**，逼近物價通膨指數 3%，相當的好！成為麥當勞股東，吃著麥當勞，享受賺錢樂趣，何樂不為？

星巴克（代碼：SBUX）

說起星巴克，咖啡愛好者必不陌生，星巴克同樣來自美國，成立於 1971 年，同樣為跨國連鎖企業，同樣享有品牌效應等護城河，於全球設有多達 3 萬個據點。產品推陳出新，因應各國文化，除有咖啡飲品外，也推出非咖啡類飲品及輕食甜點。

同樣比較疫情之影響如第 240 頁圖表 B-3，跌幅同樣多於大盤，但仍能於同年 10 月回漲至疫情時高點，並於一個月後創歷史新高（見下頁圖表 B-5）。其獲利能力、整體投報率表現優異外，亦有股息發放，**殖利率為（0.41×3＋0.45）÷90.51＝**

1.9%，且股息持續增長。是一檔值得你我關注的好公司。

圖表 B-5　星巴克股價走勢圖

耐吉（代碼：NKE）

耐吉即為 NIKE，也就是眾多知名 NBA 球星如麥可・喬丹（Michael Jordan）、科比・布萊恩（Kobe Bryant）、勒布朗・詹姆士（LeBron James）代言或設計簽名之籃球鞋品牌，而除了籃球鞋外，各式運動鞋、體育服裝、機能服及相關配件皆有其品牌支持者。NIKE 於 1972 年成立迄今，已成為生產體育用品之跨國企業，2018 年更於財富美國 500 強公司中名列第 89。

NIKE 受疫情導致關閉許多商店，使得銷量下滑，也因此股

價表現拉回幅度也達 40% 以上。但下跌是一時，受疫情影響的
銷量很快就因線上銷售而逆勢上揚了 36%，強勢的於 3 個月後
回歸疫情前高點，並於 8 月創歷史新高後一路走揚，上漲漲幅達
下跌跌幅的一倍之多！（見圖表 B-6 灰色區塊）

圖表 B-6　NIKE 股價走勢圖

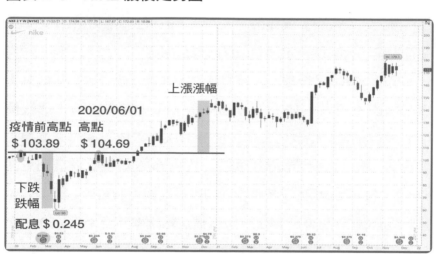

NIKE 不局限於過往品牌框架，力求創新，2021 年為最
夯風潮——「元宇宙」元年，NIKE 於 2021 年 11 月 18 日宣
布，將與元宇宙遊戲第一股 Roblox（代碼：RBLX）合作推出
名為「NIKELAND」的虛擬世界。日前更悄悄申請了虛擬物
品商標，著眼於全球虛擬商品市場的龐大商機。未來計畫將在
NIKELAND 中舉辦虛擬國際賽事，如世足賽或美國超級盃美式

足球賽，並且會繼續更新 NIKELAND 內容。NIKE 讓「Just do it」不只是口號，更是成就未來的行動力！

家得寶（代碼：HD）

相較於前述三家的眾所周知，HD（The Home Depot，維基百科譯名：家得寶）就顯得無人知曉，但只要一說出 HD 是美國的特力屋，大家便一定清楚 HD 的業務內容。

是的，HD 是全球最大家具建材零售商，於 1978 年成立。因美國國土廣大，加上人工費用高，因此許多美國人都喜歡 DIY 進行家居變化改造工作，使得 HD 一躍成為家具家飾連鎖零售商，甚至也有跨國經營據點。在財富美國 500 強公司更甚 NIKE，名列前 20 名。其基本面如本益比與每股盈餘甚是優異，且資產報酬率達 20% 以上，股東權益報酬率甚至來到 680% 之驚人數據！顯見其基本面強勁。

疫情雖也對 HD 有所影響，但很快的，在同年 5 月便再創歷史紀錄之高點價位，2021 年股價更是氣勢如虹翻倍來到每股 416.56 美元（如下頁圖表 B-7），其投報率優於大盤甚多！

元宇宙、VR、AR、AI 等相關概念不只 NIKE 跟進，HD 也與時並進。HD 之成功在於 2012 年開始布局線上購物，並於實體店面取貨，因銷售商品特性與一般電商（如亞馬遜）不同，線上與線下的購物體驗密切配合，讓 HD 的發展無懈可擊。在 HD

圖表 B-7　家得寶股價走勢圖

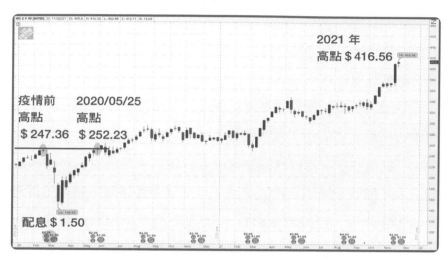

自家 App 中，推出「AR 商品搜尋功能」，讓消費者在 App 輸入商品名稱後，經由擴增實境模式，在 7,000 種商品中找到目標商品，整個過程猶如置身實體店內一般。

另外，Home Depot 也導入電子貨架標籤，提供給消費者掃描，進而獲得更加詳細的產品資訊。數位應用投資，多平臺購物體驗，一個新的 HD 順勢而生，股價一飛沖天！

Realty Income（代碼：O）

美股中，關於「住」方面的個股對於非美人士如我們，真的是另一個世界；但，正所謂「你不接觸股票，全世界與你無關；

一接觸美股，世界與你息息相關」。在此，特別推薦這檔沒有中文譯名的好標的──O，全名是 Realty Income。其實這檔並非一般的企業公司，O 實際上是 REITs（不動產投資信託），在此簡單介紹何為 REITs。

一般人要購買房地產會需要比較大的資金，但透過 REITs 便可購買不動產標的物，包括辦公大樓、商場、醫院、停車場等。REITs 把這些不動產以共同基金的方式匯集大眾的資金，讓一般投資人不需要大筆資金也能購買，且交易方式如同一般個股直接於股市中交易，而投資 REITs 也能收取股息，因為**在美國法規中，REITs 必須將 90% 收益以配息方式回歸投資人**。在台股中皆為年配息，一般美股配息以季配居多，而 **O 的配息是罕見的月配息，也就是月月享有現金流！**

O 這檔 REITs 主要是買地，將其租給各行各業，直接領取租金收益。相較於一般包租公必須負擔所有稅務如地價稅、房屋稅等，以及須進行裝潢整修事宜，當租屋有問題如漏水還須進行處理之三大不便，O 是一檔全數由租客自行負責、主要收取租金的好標的。

前 20 大租客（如下頁圖表 B-8），有 7-Eleven 便利商店、Walgreens（類似屈臣氏、康是美等知名藥妝店）、Dollar General（類似臺灣的 10 元商店）、AMC（全美最大連鎖電影院）、Walmart（類似家樂福賣場），以及前述提到的 Home Depot（家得寶）。不會有空屋率或招商不便之疑慮，租約簽訂

都是長年契約，有一定穩定度。

　　雖然疫情大拉回，股價直接腰斬（如下頁圖表 B-9），迄今仍未回升至歷史高點，但透過月月 3％ 現金流，也能不斷降低持有成本，是一檔很值得存股的好標的。

圖表 B-8　Realty Income 前 20 大客戶

TOP 20 CLIENTS

The largest clients based on percentage of total portfolio annualized rental revenue at September 30, 2021 include the following:

Client	Number of Leases	% of Total Portfolio Annualized Contractual Rental Revenue[1]
7-Eleven*	592	5.7%
Walgreens*	246	5.0%
Dollar General*	859	4.2%
FedEx*	42	3.4%
Dollar Tree / Family Dollar*	603	3.3%
Sainsbury's	24	3.2%
LA Fitness	56	2.8%
AMC Theaters	34	2.5%
Regal Cinemas (Cineworld)	41	2.4%
Walmart / Sam's Club*	57	2.3%
Lifetime Fitness	16	2.1%
B&Q (Kingfisher)*	18	2.0%
Tesco*	14	1.9%
BJ's Wholesale Clubs	18	1.8%
Home Depot*	22	1.5%
Treasury Wine Estates	17	1.4%
Circle K (Couche-Tard)*	237	1.4%
CVS Pharmacy*	89	1.4%
Kroger*	22	1.3%
Fas Mart (GPM Investments)	199	1.2%
Total	3,206	51.0%

圖表 B-9　Realty Income 股價走勢圖

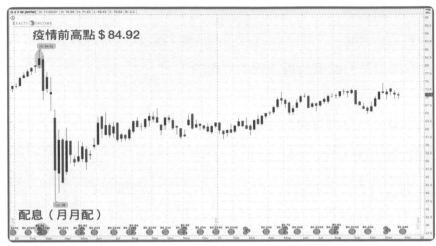

特斯拉（代碼：TSLA）

　　說起特斯拉汽車，全臺應無人不知曉，但 2003 年時，根本沒人知道這家公司。特斯拉成立於 2003 年，是全美、全球最大電動汽車公司，在 2021 年 10 月，成為第 6 家市值破兆元的巨頭企業！

　　公司旗下不僅產銷電動汽車，還包含全自動輔助駕駛（FSD）電腦、太陽能板及儲能設備等方案。且看好加密貨幣作為現金替代物的流動性，大舉買入比特幣，並於 2021 年 Q1 後，賣掉持有的 10% 比特幣，獲利 1 億美金。

　　隨著特斯拉電動車的風潮，加上環保議題、全球開始研擬禁

售傳統燃油車，全球各大車廠爭相投入電動車研發，但僅特斯拉是目前唯一實現量產和正現金流的電動車廠。

雖於 2020 年 3 月因 COVID 疫情大拉回超過 60％，但因未來展望佳，除了迅速反彈外，還因其公司成長迅速、為使更多投資人能參與、增加股票流通性，而進行股票分割，分割後仍持續上攻，截至今年 10 月達歷史高點，翻倍速度之驚人，說明了績優股不因短期波動而影響，正所謂「窮人看漲跌，富人看趨勢」，期許大家一同加入富人行列！

圖表 B-10　特斯拉股價走勢圖

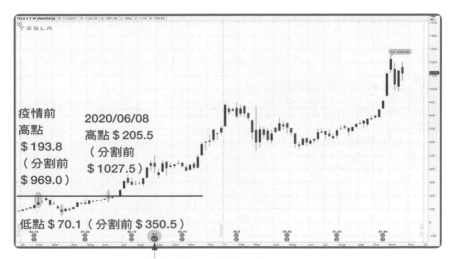

股票分割，1 股變 5 股

波音（代碼：BA）

　　喜歡出國、熱愛出國的旅遊者或商務人士通常都是搭乘飛機穿梭各國；在飛機（民航機）製造商中，美國的波音（Boeing）與歐洲的空中巴士（Airbus）這兩家世界僅有的民航機製造商瓜分著這塊大餅。而波音除了是民航機製造商外，同時也是全球第二大國防承包商、美國國防太空安全最大承包商，並且為美國第一大出口商。在 2020 年名列財富世界 500 大榜單第 121 名。

　　由於疫情，各國陸續鎖國，禁止航班，致使航空旅遊業全線大跌，波音股價腰斬再腰斬，拉回幅度達 74.57% 之多（如第 240 頁圖表 B-3）。展望未來 6 年，雖然波音民航機訂單未減，

圖表 B-11　波音股價走勢圖

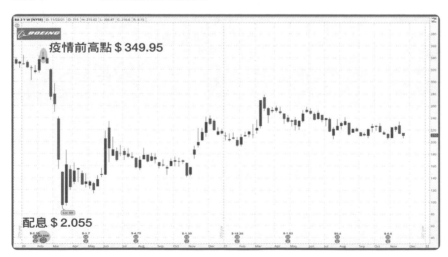

但市場對於航空業的悲觀情緒，導致波音股價持續低迷，加上病毒反覆變種、氣候導致疫情升溫等因素，使得波音仍在橫向盤整。

　　時值 2021/11/25，歐洲再次爆發疫情，且病毒變種之感染力強大，再次進入恐慌鎖國，目前僅能靜待疫情趨緩，疫苗覆蓋率提升，新冠肺炎轉為流行病，方能看見航空業曙光！但唯一能肯定的是，身為全球第二大民航機製造商，及美國國防太空安全最大承包商，還是能有翻身的一天！

迪士尼（代碼：DIS）

　　在本書中提過，筆者曾帶寶貝們二遊東京迪士尼樂園，對於迪士尼的喜好，相信大朋友、小朋友一定也是如此著迷。小朋友喜歡米奇米妮、喜歡迪士尼樂園，大朋友除了迪士尼樂園，最喜歡看的英雄電影——漫威系列，包括鋼鐵人、奇異博士、蜘蛛人等，或是皮克斯相當成功的動畫如《玩具總動員》系列、《天外奇蹟》（*Up*）、與近期的《腦筋急轉彎》（*Inside Out*）、《靈魂急轉彎》（*Soul*）等，都隸屬於迪士尼集團。

　　華特迪士尼公司通稱為「迪士尼」，是美國多元化跨國媒體集團，成立於 1923 年。旗下業務，除迪士尼主題樂園、體驗和消費品，還包含影集、體育（ESPN）、大眾娛樂等媒體板塊；近年，更成立了迪士尼串流媒體——Disney＋，於 2021/11/12 在

臺推出。

方才介紹波音時提及，疫情重創產業，不只航空業，旅遊業與影視媒體也深受其害，受疫情影響關閉全球迪士尼樂園、所有預計推出的電影計畫停擺，對迪士尼造成偌大影響，幸得其串流媒體 Disney+ 推出，有了品牌粉絲的黏著度，使得 Disney+ 在短短 3 至 4 年間，從零成長到一億用戶。最終，靠著 Disney+ 的成功，於 2020/11/23 收復跌幅，並創新高。

好公司不寂寞，好公司值得等待，雖然迪士尼目前再度拉回，並可能受新一波疫情影響，但仍看好迪士尼帶來的無限美好！期待疫情過去，再以股東身分、並讓迪士尼支付旅費，前往美國迪士尼樂園快樂旅遊！

圖表 B-12　迪士尼股價走勢圖

蘋果（代碼：AAPL）

　　蘋果公司，成立於 1976 年、目前已是跨國科技公司。與電商亞馬遜（AMAZON）、網路公司谷歌（Google）、微軟（Microsoft）及社群媒體臉書（目前為致力於元宇宙〔Metaverse〕而改名為 Meta）被公認為是五大技術公司（五大尖牙股）。

　　大家相當熟悉的蘋果公司產品包括蘋果電腦 Mac、智慧型手機 iPhone、智慧手錶 Apple Watch 之外，在前述特斯拉電動車曾提到，由於多國將禁售燃油車，電動車興起，使得蘋果公司也致力於開發電動車 Apple Car，且為全自動駕駛電動車，沒有方向盤、腳踏板，目標於 2025 年問世。

　　此外，元宇宙議題於今年發光發熱，除了上述提到 NIKE 聯手 Roblox，開發虛擬世界商品及遊戲進軍元宇宙，臉書也宣告致力於元宇宙開發，而將其控股公司改名為 Meta 外，蘋果公司也早早布局元宇宙，在 2019 年開始研發AR（擴增實境）眼鏡——Apple Glass，及可同時運行 AR／VR（虛擬實境）頭戴顯示器。

　　除了不斷精進本身電腦手機相關商品及軟體外，創新研發電動車及進軍元宇宙，使得投資人看好，而有股票分割等優異機會，也因此若有於 2020 年 3 月疫情大拉回時，持有這樣的績優股，便可於短短 3 個月內創造價差獲利，並持續透過收取股息增加現金流！

圖表 B-13　蘋果股價走勢圖

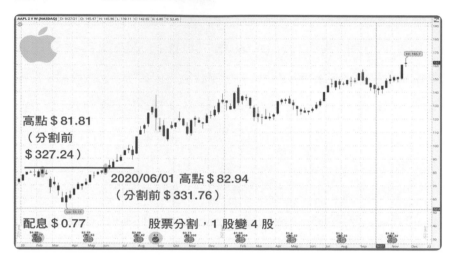

嬌生（代碼：JNJ）

　　如果家有嬰幼兒，一定會用到嬌生嬰兒用品、嬌生洗淨系列（洗髮精、沐浴露等）；不分男女老少皆可使用的李施德霖（Listerine）牙齒護理產品、露得清（Neutrogena）相關商品及沙威隆清潔用品；有髮量稀疏、落髮問題找落建（Regaine）；近期銷量不錯的隱形眼鏡──安視優（ACUVUE）等多項品牌，都是屬於嬌生公司（Johnson & Johnson）。

　　嬌生成立於 1886 年，是道瓊工業指數成分股之一，也名列財富 500 強。旗下商品除上述外，也有藥廠及醫療器材等鮮為人知的業務。其藥品銷售便占據了公司主要營收的 55％，醫療器

材 27％，其餘才是大家所熟知的消費品業務。嬌生是一家擁有
一定護城河、實力強勁的公司。自 1886 年便開始研發藥品的百
年企業，2021 年財報會議上還展示了公司目前正在進行研發的
許多藥品。

　　2020 年的疫情跌幅小於大盤，且股價回升快速。因恐慌而
搶購民生消費品與醫藥相關商品使業績不降反升，回漲速度僅次
於亞馬遜（僅比較第 240 頁圖表 B-3 中的 17 檔）。隨後平穩緩
漲，總體來說，醫療行業是一個需求相對穩定，且無論經濟強弱
興衰都有穩定需求。嬌生持續穩定增長，**股價表現回測幅度小，
防禦性佳，且公司現金充沛，持續發放近 2.6％**（見第 240 頁圖
表 B-3）**年配股息，是一檔適合長期投資的個股。**

圖表 B-14　嬌生股價走勢圖

好市多（代碼：COST）

全球第三大及美國第一大連鎖會員制倉儲式量販店，成立於 1983 年，目前於全球 12 個國家設有超過 800 家分店。好市多以倉儲式銷售，且皆以低價格提供高品質商品。其高服務與價格回饋成功迎合了客戶喜好。

除了一般所熟知的蔬果、肉類、乳製品外，近年也開始販售多元化商品，如健身用品、花、服飾、書籍、電器，部分分店還設置輪胎維修服務、藥局、加油站等服務。

好市多無疑是近年來最成功的零售商之一了，不論股市如何動盪，股價依然不受限的創下新高。2020 年因疫情導致市場

圖表 B-15　好市多股價走勢圖

恐慌時，好市多是跌幅最輕微的個股，僅跌幅 17% 左右；而在 2021 年公布的 Q4 財報，營收年增破 17%，幾乎所有數據皆優於分析師預期。

由上頁圖表 B-15 可看到 2021 年 3 月後，股價一路狂飆，由 2021 年 3 月低點約 310 美元漲到 2021 年 11 月 550.83 美元高點，將近 77% 漲幅。且好市多持續配息，回顧 2020 年，除季配息由 0.65 美元增長至 0.7 美元外，甚至額外配息 10 美元，使得殖利率來到 4%。好市多是臺灣人熱愛的美式賣場，投資自己懂的、有興趣的好資產，在拉回時才能讓自己依舊舒服自在。

亞馬遜（代碼：AMZN）

全球最大線上電商非亞馬遜（Amazon）莫屬。成立於 1994 年，卻能在不到 30 年的時間，於 2017 年評選位列財富 500 強企業第 8 名，並於 2020 年使市值正式達 1 兆美元。亞馬遜公司業務最早起源於網路書店，隨後朝向多元化發展，舉凡生活常見的各項商品如圖書、軟體、消費性電子商品、化妝品、服飾等，皆囊括其中。而後更提供二手商品拍賣販售平臺，透過不斷收購超市、線上藥局等數家公司，全面布局，使公司不斷擴大服務內容，進而不斷擴大公司組織架構，提升公司現金流。

亞馬遜另一個獲利來源為亞馬遜網路服務（Amazon Web Services，簡稱 AWS），不論是臉書、Netflix 或中國的百度，均

是使用 AWS 服務，儼然已成為全球最大雲計算服務商，並且雲計算業務依舊不斷在擴張，未來對亞馬遜的重要性只會比現在更高。AWS 的獲利能力可觀主要來自於超高利潤率（網路數據顯示約 26.8％），其對亞馬遜估值之影響遠高於亞馬遜的電商服務。

2020 年 3 月因為疫情嚴峻，影響並改變了人們的消費習慣，由實體商店消費改由線上消費，使電商一枝獨秀，亞馬遜於不到一個月的時間便逆勢上漲，並於 2021 年 7 月股價勁揚至每股 3,773.08 美元。

另外提供一個思維，專業分析師給予公司估值時，多會選擇將公司未來現金流折現計算得出公司的估值，而亞馬遜與其他公

圖表 B-16　亞馬遜股價走勢圖

司不同之處在於，亞馬遜是一家以最大化現金流為終極目標的公司，因此符合分析師預期，使得亞馬遜股價節節攀升，且亞馬遜將現金流轉化成研發燃料，增速了公司自身發展，所以才能讓股價大爆發。

谷歌（代碼：GOOGL）

很多時候大家有不懂、不清楚、想問為什麼的時候，我們總會說「拜 Google 大神」求解，相信大家對 Google 一定也很了解。但若說「Alphabet」，就會滿臉問號。其實 Google 是 Alphabet 控股的子公司之一，屬於跨國科技公司，業務範圍涵蓋所有網際網路相關領域，當然也包含了雲端運算。

此外，在硬體產品方面，包括了 Pixel 手機、Google Chromecast 等。而 Alphabet 為了穩固公司在網路上占比，近年陸續收購了 Android、YouTube 等作業系統與串流平臺。對於未來，Alphabet 將專注創新研發 AI 人工智能，因此對於人工智能技術方面已日漸成熟。

其 2020 年第三季業績優於預期，EPS 更增 70% 來到 27.99 美元，且看好消費電子化趨勢等利多下，股價年增長達 65%，日前更突破每股 3,000 美元大關（參見下頁圖表 B-17），也是一檔值得你我關注的優質個股。

圖表 B-17　谷歌股價走勢圖

摩根大通（代碼：JPM）

對於摩根大通，在還沒接觸美股時，根本不知道這是什麼，開始接觸美股後，才知道原來摩根大通（JPMorgan Chase）是全美最大金融服務機構，旗下包括 5,100 家商業銀行，另有金融交易處理、投資管理、金融商業服務與私人銀行服務等。業務遍及五十多國，也是一家跨國集團公司。2020 年更進軍中國大陸，於 2021 年獲得中國政府許可，全資控股在中國投資銀行和交易業務。摩根大通也是道瓊工業指數 30 家成分股之一。

摩根大通在消費者業務方面，其信用卡銷量位居全美第一；在數位化銀行服務也是做得風生水起；投行業務也是相當恐怖的

巨額交易，每天需處理 6 萬億美元的交易量，坐實全美第一；併購與 IPO 業務也同樣是美國最大。由此可見摩根大通在美國銀行的領軍地位了！

　　摩根大通是一檔具有投資價值的價值股，雖在 2020 年 3 月股價近乎腰斬，但隨著疫情趨緩、經濟逐漸復甦，一開始資金湧入科技類股熱潮，直到 2020 年 11 月資金逐漸輪動至金融類股，才讓摩根大通於 2021 年初回高點。摩根大通身為美國銀行的佼佼者，為與 Paypal 等支付平臺競爭，加強了現有的數位銀行平臺，且摩根大通現金流於 2021 年第二季度已見增長，可大幅增加股息，股息增長將使收益率大大增加。**目前在股價持續上漲情況下，須靜待良機，持續關注。**

圖表 B-18　摩根大通股價走勢圖

VISA（代碼：V）

相信大家一定不陌生，不論在實體消費或線上消費時也絕對離不開它，目前全球規模最大的信用卡與 Debit 金融卡支付公司即為 VISA。旗下網路每秒可處理 65,000 筆付款交易。VISA 為兩百多個國家和地區提供防詐欺技術、跨境交易服務、支付安全和處理服務。

2008 年成為全球最大公開發行股票（Initial Public Offerings，簡稱 IPO）公司，其收益並非來自於向持卡者或收款店家做收費項目，主要為數據處理、國際交易與服務。營收可再細分為服務收入（依消費金額向銀行收取服務費）、資料處理收入

圖表 B-19　VISA 股價走勢圖

（依交易筆數向收單行和發卡行收取）、國際交易收入（依消費金額向持卡人收取），以及其他收入。

2020 年疫情影響旅遊相關產業（包含飯店、娛樂與交通）甚鉅，導致國際交易收入下降，但也因為疫情，消費衛生習慣改變，從以往現金支付逐漸轉變為支付工具等，因此支付量有所增長，抵銷了跨境交易下降。由上頁圖表 B-19 可見，VISA 在疫情尚未回穩的 2020 年 8 月便已突破前高，創下歷史新高。

由於入行門檻高，加上 VISA 本身擁有強大網路優勢，難有新的競爭對手可與 VISA 比拚。全球經濟「去現金」趨勢明顯，VISA 的增長空間相當廣闊，占市場份額一半的 VISA，競爭對手如萬事達卡（Mastercard，代碼：MA）及美國運通卡（American Express，代碼：AXP）的交易量遠小於 VISA。若商品和服務商家欲脫離 VISA 服務，將承擔高昂轉換成本，也因此難以離棄VISA，自然就形成了 VISA 雄厚的護城河！

微軟（代碼：MSFT）

說到微軟，大家第一個會想到什麼？Windows 作業系統？Office 文書處理軟體？還是 XBOX 遊戲機？微軟是一家成立於1975 年的跨國電腦科技公司，由知名的比爾‧蓋茲（Bill Gates）創立，其最著名及最暢銷產品為前述三者。伴隨著公司上市，股價不斷推升，市值持續創新高，和 Alphabet（代碼：

GOOGL）、蘋果（代碼：AAPL）、亞馬遜（代碼：AMZN）及
Meta（前身為 Facebook，代碼：FB，預計 2022 年第一季改代碼
為 MVRS）名列美股 5 大尖牙股。

發展至 2015 年，在 Android 和 iOS 競爭下，微軟失去了大
部分行動裝置系統占比，直到 2016 年，微軟公司改組，整個公
司正式向雲服務 Azure 進行開發；改組後使商業模式更加清晰，
雲端業務和傳統軟體業務也帶來了更高的營收和利潤。

2021 年 6 月市值首次突破 2 兆美元，成為第二家市值破 2
兆美元的公司。迄今，公司營收和利潤一路增長，同時於分析師
給的估值上同步增長，反映於股價以每年 41% 年化收益高速增
長，可由圖表 B-20 見證投資人與分析師對微軟的看好！

圖表 B-20　微軟股價走勢圖

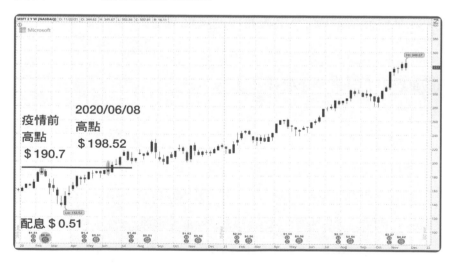

輝達（代碼：NVDA）

　　「輝達」？好陌生的名字，但如果說「NVIDIA」，對於熟悉電腦硬體、電玩愛好者必定相當熟悉。NVIDIA 是一家創立於 1993 年，以設計和銷售圖形處理器（GPU，顯示卡）的無廠半導體公司。最有名的，就屬為遊戲玩家所設計的 GeForce 系列。輝達也設計遊戲機，如 XBOX 和 PlayStation 的核心晶片。

　　由於虛擬貨幣熱潮湧現，須到處挖礦以挖掘更多如比特幣、以太幣等去中心化虛擬貨幣，挖礦生產者對於顯示卡近乎狂熱的需求，加上 2020 年疫情造成全球供應鏈危機，在供給遠遠小於需求之下，NVIDIA RTX 30 系列顯示卡供不應求，甚至有人願意以超過 50%、200% 的誇張加價幅度購買，使得股價在 3 月疫情拉回後，於短短 2 個月不到的時間就迅速 V 型反彈創新高。

　　另外，在此附錄一直提到的元宇宙熱潮中，輝達是一檔極被看好的個股。輝達早於 5 年前便開發一款 Omniverse 平臺，結合 AI、晶片運算及最先進的 3D 影像呈現，藉以模擬工廠運作、城市環境，甚至地球氣候等，就如同在元宇宙世界裡為這些事物打造一個數位孿生模型。在 Meta（臉書）積極想以元宇宙切入的虛擬社交部分，輝達開發出「Maxine」視訊會議功能，以虛擬分身到世界各地開會，並直接多國語言切換。在挖礦潮與元宇宙熱潮的助攻下，分析師與投資人不斷推升其估值，輝達股價因而翻了將近 10 倍之多，且中間還經歷過股票分割，顯見市場看

圖表 B-21　輝達股價走勢圖

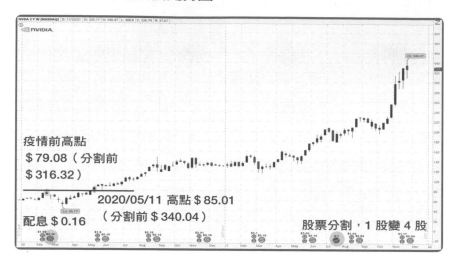

好。就讓我們持續關注元宇宙，並關注輝達未來走勢吧！

　　以上為各領域相關個股領頭羊的介紹，可能有讀者會有疑問，每檔都這麼高價，怎麼買得起！美股除了可零股買賣，一次買個 1～2 股也是有美好獲利！此外，美股也有許多優質 ETF 可供選擇，下面提供幾檔被動或主動 ETF 供讀者們參考。

　　再次提醒讀者，雖然以上推薦多為龍頭股、績優股，但進場前仍須記得看看紅綠燈——大盤指數。大盤風向如同過馬路的紅綠燈，當大盤走強，如同綠燈，告訴投資人跟著風向走，看多持有的獲利勝率高。**當大盤偏弱，請記得停下腳步，「現金為王」一直都是不敗定律**，做好資金風險控管，等待好的進場時機，才是穩定獲利的關鍵！

圖表 B-22　不同領域的優質 ETF

領域	代碼	股價（美元）2021/11/26	前五大持股比例	
大盤指數	SPY（SPDR 標普 500 指數 ETF）	458.97	MSFT	6.4%
			AAPL	6.4%
			AMZN	3.9%
			TSLA	2.3%
			GOOGL	2.2%
	VOO（Vanguard 標普 500 指數 ETF）	422.14	MSFT	6.4%
			AAPL	6.0%
			AMZN	3.8%
			TSLA	2.3%
			GOOGL	2.3%
民生消費	XLY（SPDR 非必需消費類股 ETF）	204.07	AMZN	20.7%
			TSLA	19.5%
			HD	9.4%
			MCD	4.2%
			NKE	4.1%
電動車	DRIV（Global X 自動駕駛與電動車 ETF）	30.60	TSLA	4.5%
			NVDA	4.2%
			MSFT	3.2%
			QCOM	3.2%
			GOOGL	3.0%

（接下頁）

領域	代碼	股價（美元）2021/11/26	前五大持股比例	
半導體	SMH（VanEck Vectors 半導體 ETF）	299.40	NVDA	14.5%
			TSM	14.2%
			ASML	6.2%
			AMD	5.6%
			QCOM	5.6%
創新科技	ARKK（ARK 新興主動型 ETF）	107.12	TSLA	10.3%
			U	6.0%
			COIN	5.9%
			TDOC	5.9%
			ROKU	5.4%
旅遊航空	JETS（U.S. 全球航空業 ETF）	20.53	UAL	10.3%
			AAL	10.3%
			DAL	10.1%
			LUV	10.0%
			SKYW	3.0%
元宇宙	META（元宇宙相關產業 ETF）	16.01	NVDA	9.0%
			MSFT	7.4%
			RBLX	7.1%
			FB	6.0%
			U	5.2%

如何從職場困境解脫？
建立薪水以外的收入？

小資族也能透過美國績優股，
從零開始一步步累積資產！

RT 全系列現金流課程培訓

海外基金經理人投資策略
讓你學會如何：

❶ 打折送現金買績優
大大降低持有成本

❷ 如何出租高配息股
創造更優的年現金流獲利

❸ 替長期持有股票「買保險」
市場暴跌不用驚

金流族培訓學院

RT 金流族培訓學院：02-23212739
LINE 官方帳號：@RICHTOWN
FB 粉絲團：歡迎掃描 QR Code

Biz 381

單親雙寶媽買美股，每月加薪 3 萬
別人買概念股，我買概念股的源頭，永遠比台股搶得先機。
用月薪 10% 投資，我 5 年存出一棟房。

作　　　者／Donna	
責任編輯／蕭麗娟	
校對編輯／張慈婷	
美術編輯／林彥君	
副總編輯／顏惠君	
總　編　輯／吳依瑋	
發　行　人／徐仲秋	
會　　　計／許鳳雪	
版權經理／郝麗珍	
行銷企劃／徐千晴	
業務助理／李秀蕙	
業務專員／馬絮盈、留婉茹	
業務經理／林裕安	
總　經　理／陳絜吾	

國家圖書館出版品預行編目(CIP)資料

單親雙寶媽買美股，每月加薪 3 萬：別人買概念
股，我買概念股的源頭，永遠比台股搶得先機。用
月薪 10% 投資，我 5 年存出一棟房。／Donna 著.
初版 -- 臺北市：大是文化有限公司，2022.1
272 面；17×23 公分. --（Biz；381）
ISBN 978-626-7041-51-2（平裝）

1. 股票投資　2. 投資技術

563.53　　　　　　　　　　　　　110018482

出 版 者／大是文化有限公司
　　　　　臺北市 100 衡陽路 7 號 8 樓
　　　　　編輯部電話：（02）23757911
　　　　　購書相關資訊請洽：（02）23757911 分機 122
　　　　　24 小時讀者服務傳真：（02）23756999
　　　　　讀者服務 E-mail：haom@ms28.hinet.net
郵政劃撥帳號 19983366　戶名／大是文化有限公司

法律顧問／永然聯合法律事務所
香港發行／豐達出版發行有限公司 Rich Publishing & Distribution Ltd
　　　　　香港柴灣永泰道 70 號柴灣工業城第 2 期 1805 室
　　　　　Unit 1805, Ph .2, Chai Wan Ind City, 70 Wing Tai Rd, Chai Wan, Hong Kong
　　　　　電話：21726513　傳真：21724355
　　　　　E-mail：cary@subseasy.com.hk

封面設計／王信中
內頁排版／顏麟驊
印　　　刷／鴻霖印刷傳媒股份有限公司

初版日期／2022 年 1 月
定　　　價／新臺幣 420 元
I S B N／978-626-7041-51-2
電子書 I S B N／9786267041727（PDF）
　　　　　　　　9786267041734（EPUB）